本当の幸せをつかもう

至福をつかむ
やさしい実践法

塚田 豪《たけし》

たま出版

はじめに

二十一世紀になってからも、世の中は依然として混とんとしたままです。この二十一世紀という新千年紀は、一体どのような世紀になるのでしょうか。

新世紀を迎えた時、私は、いよいよ今世紀こそは真に良い世紀になりますようにと、心の底より願い、祈ったものであります。もちろん私以外にもそう願い、あるいは祈った人々は大勢いたに違いありません。

しかし、あたかもその出鼻をくじくかのように、新世紀幕明け早々の九月十一日、アメリカで同時多発テロが起こりました。全世界に衝撃が走り、人々は暗たんたる気持になりました。まるで悪夢のような現実に直面して、みんな言葉を失いました。

あのニューヨークのビルの崩壊に、何かいい知れぬ不吉な予兆を感じた人もいたのではないでしょうか。二十一世紀初頭から、世の中は良くなるどころか、いつ何が起きるかわからないという先行き不透明な暗雲にすっかりおおわれてしまいました。そして、それ以来、テロは次々と起こっていて、不穏な様相を深めています。それのみか、世界各地で、いろいろと不幸なできごとが相次いでおります。

世界は一体どこへいこうとしているのでしょうか。正直いって人々は、世の中はどうなっていくのか、何をどうすればいいのか、どこへ向かっていけばいいのか、内心わからなくなっているのではないでしょうか。このように先が全く見えない中で、将来に対する人々の不安や心配だけが大きくつのっていきます。

今、世の中は混迷の極みにあります。人類社会は完全にいきづまっているのです。これまでのような小手先のやり方、その場しのぎの対症療法的なやり方では、もはやこのいきづまりを打開することはできなくなっております。

この人類社会の混迷といきづまりを打開するには、これまでのやり方を根本的に改めるしかなくなっているのです。人類社会がかかえている諸問題を根底から打開するような根本対策をとるしか道はなくなっているのです。そのことに、人々はどうやらようやく気がついてきたようです。

では、その根本的な解決方法とは一体どのようなものなのでしょうか。それを明らかにしているのがこの本です。この方法によって、私達は物質文明のいきづまりを根本から打開して、真の繁栄をもたらす文明社会を築き上げていくことができるようになります。それは、ゆるぎない平和と喜びと幸せに満ちた、新しい文明の創造です。

一体、そのようなすばらしい文明をどうすれば創造することができるというのでしょうか。その答えがこの本の中にあります。どうかじっくりとお読みになって下さい。

本当の幸せをつかもう―目次

第三章　人間に宿る神性
―人間が神である証拠―

序章

物質文明の終焉《しゅうえん》

物質文明の著しい繁栄によって、世の中はずいぶんと便利になり、私達は数々の喜びや楽しみを享受することができるようになりました。

しかし、その反面、物質文明にはまたさまざまなひずみが生じてしまいました。戦争、民族紛争、宗教対立、犯罪、病気疫病、飢餓、貧困、異常気象、天変地変、地球温暖化、環境汚染、環境破壊、等々。

これらのひずみはみな、人々の安全や生命をおびやかすものばかりです。しかも、これらは自然発生的に生じるものではなく、みんな物質文明がつくり出したものばかりなのです。

このように、物質文明は、人類の安全をおびやかし、人類の生命を危機にさらすようなものまでもつくり出してしまっているのです。そして、もうこれ以上物質文明を推し進めていったのではその先には滅亡しかない、というところにまできてしまいました。なぜなら、物質文明では、その文明のひずみを解決することはできないからです。

物質文明では戦争をなくすことはできません。あらゆる争いごと、分裂と対立、差別をなくすこともできません。また、犯罪をなくすこともできません。病気も貧困もなくすことはできません。そのことは人類の長い長い歴史が証明しています。また、今の社会を見ているだけでもそのことは一目瞭然《りょうぜん》です。

物質文明のやり方では、今後いくらがんばってみても、人類は戦争も犯罪も病気も貧困も、これらを何一つなくすことはできないのです。なぜなら、物質文明とは、そういうものを必然的につくり出してしまう文明であるからです。また、物質文明は、人類をおびやかし続けている諸問題を、何一つ根本的に解決することができない文明でもあるからです。たとえ一時的には解決したように見えても、そこからまた別の問題が生じて、次々と新たなジレンマや苦悩をかかえ込んでしまいます。そのようなことを性《しょう》こりもなく、くり返しているのがこの文明なのです。

従って、このような物質文明は、繁栄を極めると、やがて破綻《はたん》するしかないという運命をたどります。その証拠に、人類はこれまでいくつもの文明の滅亡をくり返してきました。この歴史的事実は、物質文明というものがたどる必然的な結末というものを示してくれております。ですから、人類滅亡を説く宗教の終末論も決してでたらめなことをいっているのではないのです。

誤った行動が滅びを招く

では、物質文明はなぜ滅亡しなければならない運命にあるのでしょうか。それは、物質文明を推進してきた人類の行動に誤りがあるためです。

人類はこれまで、さまざまなひずみを生み出すような、誤ったものの見方や考え方をしてきております。そして、そうした考えに基づく誤った行動、誤った生き方で物質文明を築き上げてきたのです。そうしたやり方では、ひずみと混迷はますます深まっていくばかりです。従って、そのような文明は、やがては破局を迎えるしかないのです。

私達の文明もまた、早晩終止符を打たねばならない運命にあります。それが科学的にも予測できるために、そのことを人知れず憂いている人もいるのです。

これまでの人類の滅亡は、ある限られた地域で繁栄した文明の滅亡でしかありませんでした。だから、人類全体としては、その限られた地域での滅亡をくり返すこともできました。

しかし、これからは違います。現在の物質文明が向かっている先にあるものは、地球全体の物質文明の滅亡です。つまり、それは人類全体の滅亡ということであるのです。もう二度とくり返しのきかない滅亡です。

私達がこれまで通りにこのまま物質文明を推し進めていったのでは、もはや滅亡に到ることは必定といわざるを得ません。多くの宗教が口をそろえて終末論を説いているのも、その危険性を警告しているものに他なりません。その危険性があるということを、やはり人類は謙虚に受けとめて真剣に反省をする必要があります。今や人類は重大な局面に立たされているのだということを知らねばなりません。

物質文明のやり方では、なぜ破綻を招くしかないのでしょうか。それは、そのやり方が宇宙の法則に反したやり方になっているからなのです。宗教の終末論を待たずとも、法則に反した誤ったやり方では、結局ものごとはうまくいかなくなってしまうのは火を見るよりも明らかなことです。

では、一体物質文明のどんな点、どんなやり方が誤ったやり方になっているのでしょうか。それは、自己中心主義と物質至上主義に基づいたやり方です。この利己主義と物質偏重《へんちょう》のやり方が宇宙の法則にはずれたやり方になっているのです。

宇宙の法則にそった生き方

宇宙には、宇宙の最も基本的な法則として、宇宙を調和あらしめようとして働いている調和の働き、調和の法則が存在しています。この調和の法則によって、宇宙に存在するあらゆるもの、あらゆる秩序が保たれているのです。従って、人類もこの宇宙の調和の法則に合ったものの見方や考え方をし、調和の法則にそった生き方をしていけば、人類の世界もすべてが整って、すべてのことがうまくいくのです。

ところが、これまで人類は自己中心の生き方、物質偏重《へんちょう》の生き方をしてきました。この生き方は、自己のみに、物質のみに大きく片寄った生き方になっています。このような自己中心の生き方は、他との対立や闘争を生み出し、社会を不調和で不穏なものにしてしまいます。これは明らかに宇宙の調和の法則に反した生き方であり、誤った生き方になっております。地球世界がいつまでも平和にならないのは、まさに人類がそういう誤った生き方をしているからに他なりません。このような自己中心、物欲中心の生き方は、果てしない欲望のままに地球の資源を乱獲乱開発して、資源の枯渇、地球の荒廃を招いてしまいました。このままではやがて限りある資源をくいつぶすか、資源争奪の大戦争か、大自然による淘汰かによって、人類は滅亡するしかありません。

そうならないために、今や私達人類は、このような不調和なやり方、破壊的な生き方を改めなければならなくなったのです。そうして、宇宙の調和の法則にそったやり方、調和の法則に合った生き方をしていかなければならなくなりました。そうすることによってはじめて私達は、現在の物質文明のいきづまりを打開することができるからです。そして、それによって私達は、今人類が直面している滅亡への危機を回避し、なおかつそれを克服して新しく蘇《よみがえ》っていくことができるのです。

神性《しんせい》に目覚める生き方

では、一体どうすれば、私達は宇宙の法則にそった生き方をしていくことができるのでしょうか。

結論から先に申しますと、私達は、「神性に目覚める生き方」をすることによって、宇宙の法則にそった生き方をすることができるようになります。「神性に目覚める生き方」をすることによって、私達はさまざまな危機を克服して、真に蘇っていくことができるようになるのです。じつはこのことがこの本の全体のテーマとなっているものです。

古くから、人間には神性（神の心）が宿っているということがいわれてきました。仏教では仏性《ぶっしょう》が宿っているといいます。両方とも同じことです。人類はこの不滅の真理を人類の大切な知的遺産として受けついできたのでした。しかし、今こそ人類はこの真理に目覚め、この真理を実践しなければならない時を迎えるに到ったのです。

この真理に目覚めるために、「神性に目覚める生き方」（「神性を開発する生き方」）というものがあります。この生き方は、誰にでもできる生き方です。私達はこの生き方をすることによって、実際に自己の神性に目覚めることができるようになります。また、この生き方をすることによって、神性を顕現《けんげん》していくことができるようになります。

神性、神の心、仏の心は、平和の心です、調和の心です。もし私達人類が「神性に目覚める生き方」（「神性を開発する生き方」）をすることによって、神性を顕現しながら生きていくようになるとしたら、世の中はどうなるでしょうか。人類は誰もが調和した平和な心で生きていくようになり、世の中はたちまち平和で幸せな世界になってしまいます。

「神性に目覚める生き方」（「神性を開発する生き方」）は、調和の心を顕《あらわ》しながら生きていくことができる生き方ですから、それはそのまま宇宙の調和の法則に合った生き方になっていて、真の平和と幸せをもたらしていきます。

世界がほんとうに平和になれば、戦争などをする必要は全くなくなります。戦争の必要がなくなれば、軍備の必要もありません。すると、これまでのぼう大な軍事費用はすべて福祉その他の面に廻すことができます。それで世界の悲惨な飢えや貧困を救うこともできます。

すなわち、私達人類が自己に内在する神の心を顕して生きていくことができるようになれば、たちまち戦争も犯罪もない世界になるのです。環境汚染も環境破壊もない世界になり、大自然は美しく蘇って、地球は人々が安心して暮らせる理想郷《ユートピア》になるのです。これは驚きというしかありません。しかし、もともと人類に内在している神性を顕すことさえできれば、そういう世界になるのは当たり前といえば当たり前のことではあるのです。

「神性に目覚める生き方」は、このように夢のようなすばらしい世界をもたらしてくれる生き方です。しかも、その夢は決して実現不可能な夢ではありません。私達に内在する神性を顕しさえすれば、必ずかなえられる夢だからです。つまり、ユートピアの建設は、決して単なる理想や夢物語ではなく、それは必ず実現することができる、確実な未来予測であるのです。ですから、私達はその実現可能な未来を選択して、それに向かって進んでいくことができます。

二十一世紀の人類の生き方

幸いなことに、すでにこのすばらしい生き方を選択して歩みを進めている人々がいます。神性を顕現しながら生きていくという生き方をしている人々がすでにいるのです。

そういう生き方をする人々がどんどん増えて、人類全体がそういう生き方をするようになれば、私達の世界はたちまち調和したすばらしい世界になることは疑いの余地がありません。このことを、是非大勢の人々に知ってもらいたいのです。神性を顕しながら生きていく生き方があるのだということと、すでにそういう人々がいて、誰にでもそれはできるのだということを、是非多くの人に知ってもらいたいのです。

神性を顕しながら生きる生き方はすばらしい未来を創り上げることのできる生き方でありますから、そういう生き方をする人々は今後ますます増えていくことでありましょう。そうすれば、二十一世紀はまちがいなく、人類が神性を発揮して神人《しんじん》として生きていくという時代になります。

そのような二十一世紀の生き方は、物質偏重ではなく、精神尊重の生き方、個性尊重の生き方、神性尊重の生き方となります。それは人類一人ひとりに内在する個性と神性を認めて、お互いがその個性と神性を尊敬し合って生きていくという生き方です。一人ひとりを尊い存在として、神の存在として、お互いがお互いを受け入れ敬愛していく生き方です。

そうすることによって、ますますお互いの神性が引き出されていって、みんなが神人として生きていくことができるようになります。子供の教育も、子供の個性、子供の神性を引きのばしてあげるということが根本になります。

神人として生きていくことによって、はじめて人類は、人類史上かつてなかったような、全く新しい豊かな精神文明を創り上げていくことができるようになります。

その世界は、戦争や争いごとが一切起こらない、完全平和の世界です。

また、犯罪も、貧困も、病気や災害さえも一切ない、喜びと幸せのみがあふれる完全調和の世界です。個人個人が真に幸せでいられる世界です。

それは滅ぶことのない無限なる繁栄の世界です。まさにそれは至福に満ちた世界、地上天国、この世の浄土の世界です。

「神性に目覚める生き方」をすることによって、人類の未来には右に見たような無限なる展望が開けてきます。「神性に目覚める生き方」が人類の中に広がっていけば、二十一世紀はまちがいなく、人類が神人へと進化向上していく一大変革の世紀となります。人類のこの大いなる意識変革によって、世界もまた大いなる変革を遂げるのであります。そうして私達はついに、永遠の平和と繁栄の中で得られるほんとうの幸せというものをつかみ取ることができるのであります。

唯物論について

私達がこれからの新しい生き方をするためには、次のようなことが必要になってきます。それは、これまでの何が誤ったものの見方や考え方であり、何が誤った生き方であるかを知るということです。そして、それを改めるということです。そのためには、誤りを誤りとしてはっきりと指摘し認識するということも必要になってきます。誤りとは、宇宙の真理、宇宙の法則に反しているということです。その宇宙の真理を明らかにしていくためにも、私達は誤りを誤りであると知る正しい判断力を持たなければなりません。

そのために、私は、誤ったものの見方や考え方の代表的なものとして、唯物論、唯物的思想があるということを指摘しておきたいと思います。

唯物論は、「物質のみが存在する」という考えをもとにした理論です。ですから、唯物論は、物質以外のものである神や生命や心の存在、幽界霊界といった死後の世界の存在、輪廻転生《りんねてんしょう》（生まれ変わり）などというものを一切否定します。

現代人、知識人の中には、このような唯物論的な考えを持つ傾向がいまだに根強くあります。唯物論は真理であると思っている人達も多いのです。

唯物論的な思想を持つこと自体は全くその人の自由です。私は思想の自由、信仰の自由までをも否定しようというのではありません。しかし、唯物論的なものの見方や考え方にとらわれている限り、人は決して救われることはできません。このことだけは事実としてはっきりと指摘しておきたいのです。また、唯物論的な思想は真の蘇りに必要な意識改革の妨げになるものでもあります。これも事実は事実としてはっきりと指摘だけはしておきたいと思います。

そのようなわけで、私は、唯物論はなぜ誤りであるかということを、この本のところどころで指摘しておきました。それは決して唯物論をいたずらにけなすためのものではありません。それは蘇りのための意識改革に必要なヒント、情報を提供するためのものなのです。つまり、私達が新しく蘇っていくために必要な正しい判断力を持つためのものであるのです。ですから、そういう意味では、唯物論もまた真理を究明するためには必要な情報であるのだということがいえるわけです。

各章について

唯物論がその存在を否定する神や生命や心、死後の世界、霊魂の永続性、輪廻転生などというものは、じつは人間にとって、また宇宙にとって、極めて重要なものばかりなのです。

そこで、それらがいかに重要なものであるかについて、私はまず「第一章　人が救われるための必要条件」の中でいろいろと見てみました。すると、それらの存在を否定することが、いかに人間を不幸にするものであるかということがわかってきます。また逆に、神や霊魂や死後の世界の存在を認め、受け入れ、信じることが、じつは人間にとっていかに重要なことであるかということもわかってきます。それは人間が救われるためにはどうしても必要な、極めて重要なものばかりなのです。また、それらは人間の意識改革にとっても重要なものばかりなのです。

先に述べたように、私達は「神性に目覚める生き方」をすることによって、全く新しく蘇っていくことができます。それは私達が神人になる、ということです。

このように私達が神人になるためには、私達は神の存在を信じてその神との一体化をめざしていかなければなりません。それには、神についてある程度の認識が持てるようになることも必要であります。さらには、神は存在するということが信じられなければなりません。

そこで、神の存在が信じられない人や、神の存在を否定する人達のために、「第二章　神は確かに存在する」の中で、神とはどういうものであり、それは確かに存在しているものなのだということを、いろいろな神の働きの面から述べてみました。無神論者の人にも、何とかして神の存在がわかってもらいたいからです。

この第二章は、神の存在を信じる人にも読んでいただきたいと思います。ひとくちに神といっても、神には多様な側面、多様な働き、多様な存在があるので、そのことを知っていただきたいからです。

さらに、神人になるためには、人間は神人になれるのだということが確信できなければなりません。そこで、「第三章　人間に宿る神性」の中で、人間には神性が宿っているという証拠をいくつも取り上げてみました。自分の中にも、人の中にも、神性が宿っているのだということをしっかりと認識していただくためです。

先程でも述べたように、私達がこれからの新しい生き方をするためには、これまでの誤ったものの見方や考え方、誤った生き方というものを改めなければなりません。そのためには、何が誤ったものの見方や考え方であり、何が誤った生き方であるかということをはっきりと知っておく必要があります。そのことを充分に知るために、「第四章　人間の心について」の中で、私はそれについて詳しく述べておきました。

「第五章　神の愛と叡智《えいち》」では、如実に存在する神の愛がどのようなものであるかについて述べてあります。それを読んでいただければ、神に対する感謝を持っていただくことができるようになるのではないかと思います。あるいは、神への感謝を深めていただくこともできるかと思います。

「第六章　宇宙生命の法則・宇宙の仕組み」では、宇宙に存在する四つの代表的な法則を述べ、その法則が働く仕組みについても考察してみました。その法則にそった生き方をすれば、人間は誤たずにすむからです。

最後の「第七章　神性開発の祈り」では、神我一体となるための神性開発の祈りについて述べてあります。それはむずかしい祈りではありません。誰もが易しく祈れる祈りです。

この祈りのある生活こそ、「神性に目覚める生き方」なのです。祈りを基盤とした生活、「神性に目覚める生き方」をすることによって、「神性に目覚めた生き方」ができるようになります。それはそのまま「神性を顕した生き方」になっていて、宇宙の調和の法則に合った生き方になっているのです。こうして、祈りによって、私達は神人としての生き方をしていくことができるようになります。

私自身も、この神性開発の祈りを日常生活の中で祈り続けることによって、神我一体感を得ることができるようになりました。私もまた、一般人と何ら変わらない生活をしているふつうの人間です。霊感も霊能力もありません。それどころか、人一倍怒りっぽい人間でさえありました。その私でも日常の中で自由にただ祈ってきただけで、自分は神と一体であるということがわかってきたのです。そして、ついには憎しみも怒りもすっかりなくなってしまったのでした。なぜそうなったのかということについても、第七章の〝祈りの効果〟という項目のところで述べておきました。

この自分の体験からも、私は、人間は誰でも祈りを続けてさえいれば、いずれは神我一体になることができるのだということを確信しています。

私はこの神性開発の祈りによって真実救われることができたということを、強く実感致しております。また、神我一体を得ることによってこそゆるぎない真の喜びや幸せを得ることができるのだということをも、同時に強く実感致しております。

そのことを多くの人々に知っていただきたいがためにこの本を書きました。そして、是非皆様方にもそのことを体得していただきたいものと願っております。この本が皆様お一人おひとりの幸せと人類の平和のために少しでも参考になり、お役に立つことができますならば、これに過ぎる喜びはありません。

第一章
人が救われるための必要条件

死後の世界の存在について

序論でも述べたように、「物質のみが存在する」という考え方に立つ唯物論は、物質以外のものである神や生命や心の存在、死後の世界、魂の不滅、輪廻転生といったものをすべて否定します。

しかし、じつはこれらのものはすべて、人間が救われるために必要なものばかりなのです。いや、これらのものこそ、すべて人間が救われるためにはなくてはならない重要なものばかりなのです。この章では、そのことについて述べていってみたいと思います。

死の不安恐怖

まず、死後の世界を認めるか認めないかによって、人間の心は大きく救われるか、全く救われないかの両極端の方向に分かれてしまいます。

死後の世界の存在を否定する人にとっては、死とは、自分が永遠に無になってしまうことに他なりません。ですから、唯物論者のように死後の世界や魂の不滅が信じられない人は、唯物論者自身が述べているように、死によって自己の存在が絶滅することに恐れおののき、度を失ってしまいます。

従って、死が恐怖でなくなるためには、死後の世界の存在を認め、死は決して自己の存在の絶滅ではないのだということを知る必要があるのです。このように、死後の世界の存在を認めるということが、人が死の恐怖から救われるための第一条件となるものなのであります。

しかし、唯物論者は、そもそも心そのものが存在するということを否定します。それ故に唯物論者は、魂が死後も永遠に存在し続けるなどということを、とうてい信じることができないのです。従って、魂が存在し続ける死後の世界などというものも、とうてい信じることができません。

そこで、唯物論者は死の問題から目をそらして死への恐怖をまぎらわそうとします。しかし、いくら死の恐怖から目をそらそうとしても死の恐怖は解消されるわけではないので、内心恐怖をかかえながら一生を送らなければなりません。そして、いざ死が近づいてくると、いたたまれぬ死への恐怖におののいて度を失ってしまうという苦悩を味わわなければならないのです。

死を受容するには

死後の世界の存在を信じることができない人は、恐怖にみちた死を受け入れることができません。だから、死を拒否しようとします。しかし、いくら死を否認し拒否したとしても、死は必ずやってくるものです。死は避けようのないもの、それを受け入れるしかないものです。

そこで、人々は、できるだけ心安らかに死を受容したいと願うようになります。これは唯物論者もまた同じです。唯物論者も何とかして死を受容しようと試みます。

大学教授で唯物論者の河野勝彦氏もその中のお一人です。河野氏はその著書『死と唯物論』（青木書店発行）の中で次のような趣旨のことを述べておられます。

河野氏は、「死は生きている存在を無にするが、自分が生きたという事実を取り消すことはできない。だから、自分が生きたことは宇宙の歴史の中に永遠に記録されてあり続けるのだ」といいます。そこで、河野氏はそのことに希望と慰めを見いだし、受容しがたい死を受容しようとします。つまり、自分が生きたという事実が歴史に永遠に記録されるということの中に、自分の瞬間の生の事実が永遠に存在し続けるのだという希望や慰めを見いだそうとするのです。

さらに河野氏は、生きたということだけではなく、よく生きたということにも慰めを見いだそうとします。よく生きたということに他者にもつながる普遍的な意味を見いだそうとするのです。

このように唯物論者も生の永遠性や普遍性というものを懸命に求めているのだということを知って、私は胸が熱くなるのを覚えました。人間はやはり誰でも自己の永遠性普遍性というものが得られなければ真の満足も心の安らぎも得ることはできないのだ、ということを改めて認識させられたからです。私は河野氏の姿勢の中に、真剣に道を究めようとする求道者の姿を見て、胸が熱くなるような共感を覚えたのでした。

しかし、河野氏には大変申し訳ないのですが、残念ながら私は河野氏のいうことには大きな疑問を持たざるを得ないのです。それは、「歴史の永遠の記録の中に、自分の生の事実が永遠に存続するという希望や慰めを見いだすことができる」などということが果たしてほんとうにいえるのだろうか、という疑問です。

というのは、歴史の永遠の記録ということも、自分が死んだとたん無に帰してしまうものだからです。歴史の記録であれ何であれ、死とは所謂すべてを無と化してしまうものに他なりません。そんな無と化してしまうものを前にして、何の希望や慰めをそこに見いだすことができるのだろうか、というのです。いい変えるならば、自分にとって歴史の永遠の記録ということが意味を持ち続けるためには、死後もその意味を確認し続けている永遠の自己というものがなければなりません。そうでなければ、自分が死んだとたんに、永遠の記録であれ何であれ、自分にとっては何の意味もないものにすぎなくなるからです。そんな無意味なものの中に希望や慰めが見いだせるのでしょうか。

人は誰でも、生きたということ、よく生きたということに何らかの意味を見いだしてそのことに満足し、それを受け入れるということは充分にできることであります。じつは河野氏も、その生きたという事実の方を、「取り消しできないもの」として受け入れようとしているにすぎないのです。つまり、それはあくまでも生きたという事実を受け入れようとしているのであって、決して死そのものを受け入れようとしているものではありません。従って死によって、生きた事実もよく生きた事実もとたんに無になってしまうものである以上、死は依然として、いや死はますます恐怖にみちたもの以外の何ものでもないのです。

死そのものが受け入れられるには、やはり死そのものの中に何らかの意味ないしは希望が見いだされなければなりません。ですから、死が依然として虚無以外の何ものでもない以上、死はやはり耐えがたい恐怖以外の何ものでもないのです。そのような死を、私達は決して受け入れることはできません。死が受け入れられない限り、私達には決して心の安らぎというものはありません。死の恐怖からの救われということもないのです。

やはり死への不安恐怖というものがなくならない限り、私達は死を受容することはできないのです。

死への恐怖を克服するには

私達は死への不安恐怖をなくすことによって、はじめて死を受容することができるようになります。

では、どうすればこの死への不安恐怖をなくすことができるでしょうか。

それはやはり、まず死後の世界の存在を認め、魂の不滅ということを認めることによってはじめて可能になってきます。死は決して自己の存在の絶滅ではなく、死後も自分はあの世で生き続けていくのだということがわかることによって、はじめて私達は心安らかに死を受容することができます。また、自己の生の永遠性ということも、自己の生命、自己の魂が死後も永遠に生き続けていくのだということの中にこそはっきりと見いだすことができるのです。

このように、死への不安恐怖から救われるための第一条件は、やはりまず死後の世界の存在を認めるということであるのです。

では、死後の世界の存在を認めさえすれば、死への不安恐怖は一切なくなってしまうのでしょうか。

いいえ、実際はそう簡単にはいきません。それは、死後の世界の存在を信じるが故に、死後自分は地獄に落ちるのではないか、という強い恐怖におそわれる人がいるからです。そういう人は死が近づくにつれてますます恐怖にさいなまれます。

そのような人が地獄の恐怖から逃れるためにまずできることは、地獄の話などは迷信だといってこれを完全に否定することでしょう。しかし、どんなに否定しようとしても、もしほんとうだったらどうしようという不安恐怖を拭い去ることはできません。それならいっそのこと、死後の世界というものを一切否定した方がよほど気が楽になるのでは、と思うかも知れません。しかし、決して気が楽になることはないのです。かえって、死後の世界を否定することによって、死後の自分は無になってしまうという底知れぬ恐怖を覚えなければならないからです。

唯物論者が唯一幸いなことは、少なくとも地獄に落ちる恐怖だけは持たなくてもすむことだ、と思う人がいるかも知れません。しかし、死という虚無の世界は地獄の恐怖にも匹敵する恐怖にみちたものなのです。いやむしろそれ以上に絶望的な苦悶にみちたもの以外の何ものでもないのです。

死後の世界が無であるところにも死後の恐怖は存在します。そして、死後の世界の中にもまた死後の恐怖は存在しています。

死後の世界の存在は認めていても、実際に死後自分はどのような世界にいくかわからないので、そのことにやはり不安や恐怖をいだくということがあります。

あるいはまた、まだやりたいことがたくさんあるのに、それをやり遂げないうちに死んでしまうのがこわい、という場合もあります。それは死そのものがこわいというよりも、この世でやりたいことがやれなくなるのがこわい、ということなのだと思います。そのために死が受け入れられないでいるわけです。

このように、人間にとって死を受け入れるということは、じつはなかなか容易なことではないのです。死が百パーセント受け入れられるには、死への不安恐怖が百パーセントなくならなければなりません。それは人間にとってはまことに至難の業《わざ》というべきものであります。死を百パーセント受け入れることができる人は、いわゆる悟った人くらいでありましょう。

ある高僧がガンで入院しました。その高僧は、「私は悟っているから、何を聞いても決して驚かない。だから、ほんとうのことを教えて欲しい」といいました。そこで医師は、高僧が末期ガンで余命いくばくもないことを告げました。すると、それを聞いたとたんに高僧は、「死ぬのがこわい、助けてくれー」と泣きわめいたそうです。

これは何とも笑うに笑えないお気の毒な話というしかありません。

高僧は一体何がこわかったのでしょうか。死後自分がどうなってしまうかわからないことに恐怖して取り乱してしまったのでしょうか。それとも、自分が無になってしまうのではないかと恐怖したのでしょうか。

仏教は本来は無神論の教えであるという説があります。無神論は死後の世界などは説きません。その高僧もそんな唯物論的なものの見方をしていたのでしょうか。そして、無神論的な経文《きょうもん》の内容を頭でしっかりと理解することが仏教の真理を悟ることである、とでも思っていたのでしょうか。いずれにしろ、死を安らかに受け入れるという心の準備が全くできていなかったことだけはまちがいありません。

無神論では、悟りを開いて安心立命《あんしんりつめい》することはできないのです。悟りとは神と一体化することだからです。また、無神論や唯物論は死後の世界を認めないので、このような立場では、死を安らかに受け入れるための心の準備をすることができません。

無神論者や唯物論者が死への恐怖をなくして死を受け入れることができるようにな

るためには、やはりどうしても死後の世界の存在を認めるということが第一の条件になってくるのです。しかし、それだけではまだ充分ではありません。死後の世界の存在を認めることによって、人によっては死後は地獄に落ちるのではないかという恐怖を持つことがあるからです。

それでは、地獄に落ちるのではないかというような恐怖がある場合は、その恐怖を克服するには一体どうすればいいのでしょうか。

そういう場合は、善因を積む、善行《ぜんこう》に励むという生き方を心がけていけば、死への恐怖を克服することができるようになります。善行を積むことによって、その人が積んできた悪行《あくぎょう》が帳消しになって、地獄に落ちなくてもすむようになるからです。

また、死後どのような世界にいくかわからないので不安をいだいているという場合は、良い世界にいかれるような生き方を心がけていけばいいわけです。さらにもっともっと良い世界に生まれ変わりたいのであれば、そのような高い世界にふさわしい住人になれるような生き方をしていくことです。例えば、神性に目覚めるような生き方を続けていくならば、決して地獄に落ちることはないし、大変すばらしい世界へと生まれ変わっていくことができます。

では次に、この世でやりたいことをやり残したまま死ぬのはいやだという人が、死に直面した時、どうすれば自分の死というものを受け入れることができるでしょうか。

そういう人は、やりたいことは死後も継続してやることができるのだということを知ればいいのです。この世でできなかったことは、あの世へ行ってやればいいわけです。あるいはまた生まれ変わってきてやり遂げればいいのです。死後の世界は希望をつなぐことのできる世界です。あの世は希望と喜びを見いだしていくことのできる世界なのです。そのことがわかれば、安心して死を受け入れることができます。

死は決して生の終わりではなく、あの世での生の継続なのです。死は決して滅びではなく、あの世という新しい世界への誕生です。死はこの世からあの世への魂の引越しなのです。死はこの世からあの世へと生活の場が変わることです。しかも、あの世にあるすばらしい場へと変わることでもあるのです。

このように、死ということの中に、私達は積極的な意味を見いだすことができます。そうすることによって、はじめて私達は死というものを心安らかに、いやむしろ希望や喜びを持ってそれを積極的に受け入れることができるのです。

輪廻転生《りんねてんしょう》について

学びに必要な輪廻転生

死後の世界とは、いい変えれば、それは輪廻転生の世界のことでもあります。

この世という肉体界の他に、あの世という死後の世界があります。死後の世界は、大きく三つの階層に分けることができるといいます。幽界、霊界、神界の三つの階層です。幽界の下の方の階層が地獄と呼ばれている苦界です。

肉体界を含めた宇宙の四つの階層を、人間はぐるぐると生まれ変わり死に変わりしていきます。人間の魂は肉体が死んだあとも永遠に生き続けて、宇宙の各階層を輪廻転生しながら、さまざまなことを学んでいくのです。

人間の魂とは、人間に内在する神霊の心と、肉体にまつわる想いの業想念《ごうそうねん》とが入り混じった心のことをいいます。ふつう霊魂と呼ばれているものです。業想念とは、自我欲望、怒り、憎しみ、恨《うら》みといった不調和な想念、汚れた想念のことです。つまり、霊魂とは、霊（神霊）の心と業想念とが混じり合った心のことなのです。

この人間の魂は、肉体、幽体、霊体、神体という体《ボディ》をまとって生きております。そこで、肉体が死ぬと、業想念の方が多く混じっている魂は、肉体という上衣を脱ぎ捨て、幽体という下着をつけたまま幽界へいき、そこでの修行を致します。

また、業想念の少ない魂は、肉体の死後は、肉体の上衣と幽体の下着をも脱ぎ捨て、霊体という肌着をまとって霊界に生まれ変わります。これらの魂達は、幽界や霊界での修行や生活をある期間経ると、再び肉体をまとって肉体界に生まれ変わってくるのです。

もし人間の人生が一回限りのものであるとしたら、これくらい不条理なことはありません。なぜなら、人間は何の理由もなく、生まれながらにしてさまざまな差別を受けて生きなければならない、ということになるからです。例えば、ある人は生まれながらにして金持ちの両親のもとで裕福な生活を送ります。しかし、ある人は生まれながらにして極貧の片親のもとで育ってつらい生活を送らなければなりません。ある人は順風満帆の人生を歩み、ある人は波乱万丈の生涯を閉じます。比較的幸せな人生があるかと思えば、悲惨極まりない人生があります。なぜ人によってこれほどまでの違いが出てくるのでしょうか。もし人生が一回限りのものであるなら、これほど不条理で不可解極まることはありません。

この世に不条理なものなどない

では、人によってなぜその境遇や運命に大きな違いが生じるのでしょうか。その疑問に答えてくれるものが前世《ぜんせ》というものの存在なのです。

つまり、前世でどんな生き方をしたかということで、今世《こんせ》における境遇が決まってくるのです。例えば、前世で一生懸命に働いた人は、その行為の結果として、今世では裕福な生活を送ることができるようになります。反対に、前世ではぜいたくをして遊んでばかりいた人は、その行為の当然の成り行きとして、今世ではいくら働いても貧しい暮らしを経験しなければならなくなります。但し、今世において一生懸命働いた結果は、再び来世《らいせ》で裕福な暮らしを送るという運命になって現れます。そういうことを魂は生まれ変わり死に変わりして学んでいくのです。

このように、世の中にはじつは不条理なことは何一つないのです。すべてのものごとには必ずその原因が存在しているのです。この宇宙の真理、宇宙の法則を、私達は前世というものの存在を通して学ぶことができるのです。神は何人に対しても不条理なことなど何一つない公平な世界をお創りになっているのです。

前世の存在を知り、輪廻転生の原理を知ることによって、この世の不平等も前世の生き方の当然の結果としてそれを受けとめていくことができるようになります。現在の自分の幸不幸は誰のせいでもない、すべては前世、前前世より今日に到るまでの自分がつくり上げてきたものに他ならない、という道理がわかってくるからです。

ですから、もし自分が幸福であるなら、そのことに慢心することなく、幸福であることに感謝して、さらに幸福が続くような生き方をしていけばよいのです。また、もし自分が不幸であったとしても、不幸をいたずらに嘆くことなく、幸福になるような生き方をしていけばよいのです。

人間は輪廻転生をくり返しながら、人間としてのあらゆる経験を積んでいきます。そして、その経験を通して宇宙の真理、宇宙の法則を学んでいくのです。輪廻転生は学びに必要なプロセス（過程）なのです。

輪廻転生というプロセス、学習の過程なくしては、私達は宇宙の法則というものを学び取っていくことはできません。また、人生についての意味を見いだすこともできません。さらには、宇宙の構造についての理解を得ることもできないのです。

神の存在について

救われとは

神の存在を認めるか認めないかによっても、人間の心は大きく救われるか、全く救われないかの両極端に分かれてしまいます。

なぜなら、人間が救われるということの中には、神によって救われる、神の中に救われるという側面があるからです。そして、そのことを無視することはできないからです。つまり、人間が救われるには、神の存在というものが大前提になるのです。救われというのは、あらゆる苦悩から救われることです。その苦悩ということの中には、あらゆる不安恐怖というものも含まれています。つまり、救われるというのは、あらゆる苦悩、あらゆる不安恐怖から救われることであるのです。そして、その救われは、神の存在を認めることによってはじめて得ることのできるものなのです。

悟りとは、神我一体となって救われの境地、安心立命を得ることです。悟りを得て救われるためには、神との一体化ということが前提になります。このように、神と呼ばれる絶対的な存在なくしては、人間の真の救われも、真の心の安らぎもあり得ないのです。

聖者賢者、妙好人《みょうこうにん》、その他悟りを得た人々は、みな神我一体になり得た人々です。安心立命の境地を得た人々です。

神は幻想の産物ではない

しかし、神の存在を信じない人、神の存在を否定する人は、神は人間が頭の中で勝手につくり上げたものにすぎないといいます。あるいは、悪人をいましめこわがらせるために、悪人を罰する神というものをつくり上げたのだといいます。いずれにせよ、無神論者によれば、神とは人間がでっち上げた単なるつくり話か幻想、迷信の産物でしかありません。

しかし、もし神が存在しないということがほんとうだとするならば、聖者賢者や妙好人達が神我一体を実感しているのは一体何なのだろうということになります。無神論者のいうことが正しいのなら、ありもしない神をあると錯覚している一種の精神異常者が聖者賢者であり、徳の高い人である、ということになります。これはまことにおかしな話といわざるを得ません。

聖者賢者や徳の高い人が精神異常者でないことくらいは誰にでもわかります。また、聖者賢者が、ありもしないものをあるなどと、でたらめをいうはずもありません。また、その必要もありません。そうであるなら、やはり神の存在を説く聖者賢者のいうことの方がほんとうなのだということがわかるのではないでしょうか。

安心立命を得るには

人間は安心を求めています。安心して生きていかれることを人間は常に願っています。

そこで人々は神仏に対しても、安心した生活ができるようにと家内安全、商売繁盛といった願いごとをします。現世利益《げんせりやく》を得ることによって、生涯安定した生活を送りたいからに他なりません。

ところが、この世でいかに多くの利益を得ることができたとしても、ただそれだけでは、人間は決して真の安定も真の安心も得ることはできません。むしろ財産ができたことで、かえってその財産をなくすのではないかという大きな不安や悩みをかかえてしまうことになるからです。このように安心して生活を送ることができないから、なおも財産を増やしてその不安を解消しようとします。しかし、不安や悩みはいっこうになくならないばかりか、新しい悩みが次々と出てきて、いつまでたっても心休まることはありません。

このことに気がつくと、ようやく人はそこではじめて、モノやカネでは得られない、真の安心を得たいと願うようになります。真の安心とは不動心、安心立命のことです。どんな人もやがては、この究極の安心立命を求めるようになるのです。

安心立命とは、何ごとが起ころうとも不安動揺しない心です。不動心、絶対安心の境地です。それは、不安や恐怖がみじんもない心のことです。またそれは、永遠に安心していられる心のことでもあります。

この安心立命は、神との一体化なくしては得ることができません。

あらゆる不安恐怖の根底を探ってみると、そこには究極の恐怖として、死への不安恐怖が存在していることがわかります。死後の自分はどうなってしまうのか、死んだら自分は無になってしまうのではないかといった底知れぬ恐怖です。

このような死への不安恐怖がなくならない限り、人間は決して心底から安心することはできません。真の心の平安を得ることはできません。

では、どうすればあらゆる不安恐怖の根底にある死への不安恐怖を完全になくすことができるのでしょうか。

それは、神との一体化を得ることによってはじめて可能となるのです。なぜなら、神我一体を得ることによって、神の永遠のいのちと自分のいのちは一つのものであるということがわかるからです。自分も永遠に生きるいのちなのだということがわかって、大安心することができるのです。また、神の中にはいかなる不安恐怖も苦悩も一切存在しません。その神と一体化するのですから、自分の中にも一切の不安恐怖がなくなってしまうのです。

安心立命の境地を悟りの境地といいます。悟りとは、自分は神と一体のものであるということに気がつくことです。つまり、自分は神の永遠なるいのちであるということに気がつき、それがわかることなのです。

真の安心を得るために、人間は誰でもついには永遠なる存在の神を求めるようになります。たとえどんなに頑固な無神論者、唯物論者であっても、やがては必ず神を求めるようになるに違いないのです。なぜなら、無神論者、唯物論者にも神は内在しており、やがてはその自己の神性に目覚める時がくるからです。

無神論者が神を否定するわけ

無神論者が神の存在を否定するのはなぜなのでしょうか。その最大の理由は、誰も神の存在を検証することはできないではないか、という点にあると思います。これは神に限らず、幽界にしろ霊界にしろ、誰もその存在を検証することはできません。そのような検証することもできないものがなぜあると断言できるのか、というわけなのでしょう。

神の存在を信じない人の中には、神がほんとうにいるのならここへ出して見せてくれ、という人がいます。検証してみろ、ということと同じです。ただあるあるといっても、そんなものは独断にすぎないではないか、ということなのでしょう。このように神の存在が信じられないのは、やはり神は目で見ることも手で触れることもできないというのがその最大の理由であるようです。

神を知る方法

では、目で見ることも手で触れることもできない神を私達はどうやって知ることができるのでしょうか。

一般の人には神の姿は見えません。しかし、わずかではありますが、神の姿を見ることができる人がいます。それは五感を超えた能力を持った人です。

神の存在というものは、じつは肉体の五感ではとらえることができないものなのです。つまり、神の存在は五感でとらえるべきものではないのです。それは五感を超えた能力でとらえられるものなのです。

ですから、五感でとらえられないから神は存在しない、というのは正しい考え方ではありません。それはいささか視野のせまい、誤った主張でしかありません。

じつは、やがて五感を超えた能力で誰もが神々の姿を見ることができる時代がやってきます。その時は、どんなに頑固な無神論者であっても、いやおうなく神の姿を見てしまうということになります。そうすれば、誰もがいやおうなく神の存在を認めざるを得なくなるでありましょう。

私達は神の姿を見ることはできなくても、神の存在や神の働きを知ることができます。

それもまた五感とは別の感覚、つまり、五感を超えた感性とでもいうべき感覚能力、感知能力によって感じ取っているのです。それは魂が持っている感覚能力、心そのものが持っている感知能力です。

この心の感知能力で、心でじかに知るというのが私達が神を知る方法なのです。

神の聖なるふんいき、神の清らなるひびき、神の慈愛に満ちた心の温かさ、神の威厳あふれる気高さ、そういう神の特性が感受できるのも、それを感受する心の感知能力があるからです。私達は神々のさまざまな働きやふんいきなどの特徴を、この心の感知能力によってとらえ、認識することができるのです。

この他に、もう一つ神を認識する方法があります。

それは、神の存在を論理的な必然性により認めざるを得ないという理性の働きによるものです。宇宙には、どうしても神の存在を認めなければ説明のつかないものがあります。それを知っている人間の理性が、どうしても神の存在を認めることを要求するのです。

以上の二つの方法で私達は神の存在を認識し、神の存在を確信します。私達は、もののの存在を五官でとらえることができるように、神の存在を心でとらえることができるのです。その心とは、神を感知する感受性と神を認識する理性です。

では、なぜ五官では神の存在をとらえることができないのでしょうか。それは神と肉体人間とでは著しく波動が違うためなのです。

すでに知られているように、すべてのものは、そのものに固有の波動を持っています。神霊は、神霊固有の神霊波動を持っております。また、肉体人間は、肉体人間固有の肉体波動を持っております。ところが、この両者の波動は著しく異なるために波長が合わず、肉体波動の五官では神霊波動をとらえることができないのです。神霊の存在は、神霊波動に近い心によってのみとらえることができます。ところが、やがて人類も進化して肉体波動が神霊波動に近くなると、肉眼でも神霊の姿を見ることができるようになります。それでも、あくまで神の存在を信じない人は、神の姿を見ても自分の目の錯覚としか思わないかも知れません。

しかし、科学の進歩によって、神霊の世界の存在を科学的に実証することができるようになれば、どんな頑固な無神論者といえども、神の存在を肯定せざるを得なくなるでありましょう。そんな時代が必ずやってきます。

今のところ私達は、客観的に存在しているものを五官でとらえ、客観的に存在している神を心でとらえております。ですから、ものが厳然と存在しているように、神もまた厳然と存在しているのです。

この厳然として実在する神との一体化によってのみ、人間は安心立命して真の幸福を得ることができます。幸福を得たいと思いながら、神の存在を疑問視したり、否定したりしていたのでは、永遠に安心立命も真の幸福も得ることはできません。安心立命の絶対条件である神を否定しながら、安心を求めているのですから、その願いはかなうわけがないのです。

無神論の人には早くこのことに気づいて欲しいと思います。そして、神が存在することを早くわかってもらいたいと思うのです。また、神を信じる人であっても、その人が物質的、金銭的な満足のみを求めている間は、決して真の幸せを得ることはできません。そのことにも早く気づいて欲しいと思います。

神の存在を否定する人は、神に対して何か誤った考えやイメージを持っているからなのではないでしょうか。もし、神に対する正しいイメージないしは認識を持つことができれば、どんな人だって、そういう神ならば肯定できるということにもなるのではないでしょうか。

そこで、私はいくつかの観点から、神とはどういうものか、そして、その神はまちがいなく存在し、その存在は否定しようのないものなのだということを次の第二章で順次述べていってみたいと思います。そしてその中で、唯物論が否定している生命や心の存在も、また否定しようのないものなのである、ということを述べてみたいと思います。

第二章

神は確かに存在する

法則の神の存在

法則と神は同義語

神は確かに存在するということで、最初に述べておきたいのが法則の神の存在です。宇宙には、森羅万象《しんらばんしょう》を支配している法則が存在しています。神の存在を信じる私達は、この宇宙法則の働きを神と呼んでおります。

神とは、法則そのもの、法則の働きのことです。つまり、神とは法則として働くものなのです。ですから、神と法則とは同義語なのです。

このように、まず宇宙には法則の神、法則として働く神が存在しています。

神をこのように定義するなら、神の存在を否定する人はいなくなるはずです。法則の存在を否定する人はいないからです。法則の存在が厳然たる事実であるなら、法則として働く神の存在もまた厳然たる事実であるということになります。

しかし、このようにいうと、無神論者から、法則は法則といえばいいので、何もそこに神などというものを持ち出す必要はないではないか、という反論が返ってきそうです。

私達が法則の働きを神と呼ぶのは、法則を神の働きとしてとらえざるを得ないからです。なぜなら、ある法則が存在するからには、その法則をもたらしているものが存在しなければなりません。法則をもたらしているものが存在しなければ、法則もまた存在し得ないからです。そこで、法則をもたらしているものを追い求めていくと、最後に残る最終原因として全智全能なる神の存在にいき当たるのです。

このように、法則をもたらしているもの、法則をもたらし法則を働かせているものとして、私達は法則の働きの奥に神の存在を認めざるを得ないのです。この法則の働きを働かせているものが神ならば、神の働きはそのまま法則の働きであるということになります。

法則を知る知性

法則そのものも、神の存在と同じように、目で見ることも手で触れることもできません。にもかかわらず、法則が存在することは誰もが知っております。それは法則の存在を、五感を超えた人間の知性（悟性）によってとらえているからです。

私達が法則として働く神の存在を知ることができるのは、五感を超えた感性によってその神を感知し、五感を超えた知性によってその神を認識しているからに他なりません。

法則が存在することは万人の認めるところです。しかし、なぜその法則が成り立って存在しているかについては、誰も説明することはできません。

例えば、磁石のプラスとマイナスは引き合い、プラスとプラス、マイナスとマイナスは反発し合います。しかし、プラスとマイナスはなぜ引き合い、プラスとプラスはなぜ反発し合うかについては、誰も説明することができません。

つまり、そのような法則が存在していること自体はまことに不思議なことがらだといわざるを得ないのです。神の存在が神秘的であるように、合理的に働く法則の存在そのものも、まことに神秘的なものといわざるを得ないのです。それは神の無限なる能力、無限なる叡智《えいち》によってもたらされているものとしかいいようのないものです。それはもはや人智を超えたものであるのです。

神そのものも人智を超えた神秘的な存在であります。しかし、神秘的な存在でありながら、神とは首尾一貫した宇宙法則の働きのことでもありますから、神はまことに合理的な存在そのものでもあるのです。

ですから、科学が合理性を追求するのと同じように、宗教もまた神の合理性、宇宙の法則性、真理というものを求めているものなのです。科学も宗教も共に宇宙の真理という神の本質を追求しているものであることに変わりはないのです。科学は実証的な方法で追求し、宗教は直観（直感）的な方法で追求します。従って、神を求めたり信じたりするのは迷信であり非科学的な行為である、などというのは、視野のせまい誤ったいい分でしかありません。科学も神（法則）を求めているのですから。

なお、宗教の名のもとに、あまりにも迷信的なことや非常識なことがおこなわれているものもあります。しかし、それらは、はじめから宗教の名に価しない、宗教とは別のものにすぎません。

創造主の存在

神は創造のエキスパート

宇宙が存在し、宇宙法則が存在するからには、それをもたらしたもの、それを創り出したものがなければなりません。

宇宙を創造し、宇宙の法則を定めたもの、それが創造主と呼ばれる神です。

創造主は、宇宙の森羅万象を司《つかさど》る神々に分かれて、今もなおその創造活動を展開しています。こうして宇宙は生成発展を続けています。

宇宙の創造者である神こそは創造のエキスパート（専門家、達人）です。

創造には、何を創造するのかという目的があり、それを創造しようとする意志が働いています。目的と意志のないところには、いかなる創造もあり得ません。創造のエキスパートである神も、はっきりとした目的と意志を持って星々を創り、その星の上に生物や人間を創り出したのです。

生命誕生は偶然の産物か？

現代科学は、原始地球上には生命は存在しなかったと考えております。では、なぜ生命も心も存在しなかった原始地球上に生命ができ上がり、心を持つ生物や人間が出現したのでしょうか。

このことについて、従来の唯物論科学は、無機物から偶然に有機物や生命体がつくられてきたのである、と説明しています。原始地球上に存在していた数々の無機物が、でたらめに他の無機物との化学反応を無数にくり返していくうちに、たまたま単純な有機物が生成され、それをさらに無数にくり返すことによって、複雑な生命体が形成されてきたのだ、というのです。

しかし、この唯物論の説明では、生命も心もない無機物から生命や心がつくり出される、ということになります。これでは無から有が生じることになり、無から有は生じないという科学的真理に反します。生命や心の存在をはっきり認める私達にとっては、この説はどうにもいただけません。

無機物と無機物との偶然の化学反応をいくら無数にくり返したからといって、そういう偶然の積み重ねだけで、人間のようなすぐれた智慧を持ち、精巧極まりない生命体を持ったものができ上がってきたりするものなのでしょうか。とても考えられないことです。

生命誕生の合目的的説明

唯物論のように、火のないところから煙が出たみたいな、非常に無理な説明をするよりも、生命誕生もまた宇宙大自然の合目的的な活動によるものである、と説明する方が、よほど理にかなった説明になるのではないでしょうか。その方がはるかにわかりやすく、説得力もあります。

例えば、大自然の意志、つまり、大自然を司る神々の意志が無機物に働きかけ、無機物に意志を持たせて有機物を生成するような反応を次々と選択させていったのではないか、と考えることができます。そして、だんだんと複雑な有機体を形成させながら、それに生物としての生命と心を宿らせて生命体を創り上げていったのだ、と考えることができます。

要するに、宇宙の中のあらゆることがらは、すべて創造主をはじめとする神々の意志の働きかけのもとに営まれているのだということであります。まさに宇宙そのものが理にかなった方法で運営されているのであります。

生命の存在

生命と神は同義語

先に述べたように、法則の働きとは神の働きに他ならないものでありました。法則をもたらし法則を働かせているものを神と呼ぶのですから、神の働きはそのまま法則の働きであるわけです。法則と神とは同義語なのでありました。

同じように、生命と神もまた同義語であるのです。

生命も神と同様に目で見ることも手で触れることもできませんが、生命が存在していることは誰もが知っております。

生命が存在しているからには、この生命をもたらし生命を働かせているものが存在しなければなりません。それが神なのです。それを神と呼ぶのです。このように、神の働きが生命を働かせているのですから、神の働きはそのまま生命の働きであるわけです。生命の存在は疑いようのない事実ですから、その生命を働かせている神の存在もまた疑いようのない事実なのです。

誰もが認める生命の存在

生命が存在しているということは、誰もがわかっていることです。にもかかわらず、唯物論という学問はこの生命の存在を否定しております。従って、当然のことながら、唯物論者は生命というものの存在を否定します。

ところが、その唯物論者といえども、じつは内心では、生命の存在を肯定しているものであるということがわかります。

なぜかというと、私達は誰でも生き物は生きていると思っています。これは唯物論者といえども同じです。生き物を見て、これは死んでいるなどとは思いません。生き物が生きていると思うのは、生き物には生命が宿っているということがわかっていることに他なりません。宿っている生命が生きていることが生き物が生きているということなのです。やはりそこにはちゃんと生命が生きているという、生命というものの認識があります。

このように生と死の区別がつくのは、生命があるかないかの区別がつけられるからなのです。つまり、唯物論者にも生命のあるなしはわかっているのです。唯物論者も内心では生命の存在をちゃんと認めているのです。第一、生き物という言葉を使っていること自体、これは生きているもの、いのちがあるもの、いのちが働いているものと思っていることに他ならないのですから。

また、人は誰でも、生物と無生物の区別をちゃんとつけております。この区別がつくのも、生物には生命があり、無生物には生命がないということを知っているからに他なりません。従って、唯物論者といえども、生物と無生物の区別がつくからには、頭で理論としては生命の存在を否定しながら、心の中では生命の存在を認めているわけです。

このように、見ることも触れることもできない生命であっても、生命が存在するということはどうにも否定しようのないものなのです。生命の存在が否定しようのないものならば、その生命を働かせている神の存在もまた否定しようのないものといわなければなりません。

この否定しようのない生命の存在や神の存在を唯物論は完全に否定し排除しているのです。宇宙を構成している生命や神という重要な要素を排除して、いくら宇宙の真理を解明しようとしても、とうてい真の解明などできるものではありません。

生命の存在を否定する唯物論からは、いのちの尊厳といった重要な問題を導き出すことはできません。唯物論では、生命など初めから認めていないのですから、尊いもなにもないわけです。唯物論は明らかに、生命軽視、生命無視につながる思想なのです。というよりも、生命を無視した思想、それが唯物論なのです。

生命を知る感知能力

生命もまた五感以外の感知能力によって私達はこれをとらえているのです。この生命に関しては、すでに万人が五感を超えた感知能力で生命をありありと実感して、その存在を確認し、確信しているのです。

さて、生物の一つ一つは、それぞれが一箇の生命体です。その生命体はそれぞれが生命エネルギーを持っています。

この種々の生命体によって生態系が形成されている地球もまた一箇の生命体です。地球という生命体もまた生命エネルギーを持っています。

さらに、星々という無数の生命体によって形成されている宇宙もまた一箇の大生命体です。この宇宙大生命体もまた大生命エネルギーを持っております。

宇宙には、宇宙大生命エネルギーが充ち満ちております。宇宙の森羅万象は、この宇宙大生命エネルギーが物質化してできているものに他なりません。従って、あらゆる生物の中に、また、あらゆる無生物や無機物の中に、等しく宇宙生命が存在しているのです。つまり、宇宙は神の生命によって創られている神のボディであり、宇宙の中のすべてのものは、神のボディの一部なのです。

宇宙に遍満している大生命を、私達は心の感覚機能で感じ取ることができます。

人間は神の分身・神の分けいのち

大宇宙の神の大生命から流れてきている一筋一筋のいのちが私達人間の一人ひとり

のいのちとなって働いています。それで人間のことを小生命とも呼びます。小生命である人間は神の分けいのちであり、神のいのちをおのがいのちとして生き続ける神の子なのです。いのちの尊厳とか、人命は地球よりも重しなどといわれるのも、人のいのちは神のいのちだからなのです。人のいのちは神のいのちだから尊いものなのです。

神の大生命によって創られている生命体を持つ人間は神の分身と呼ばれています。生きとし生けるもの、ありとしあらゆるものも神の大生命によって創られている生命体ですから、広い意味では、それぞれ神の生命要素を持つ神の分身であるということがいえます。但し、万物の霊長である人間は、神の全智全能がすべて分け与えられている神の完全なるひな型、分身であるのです。

生命体に宿る心・神の心

すべてのものに心がある

心というものも、また目で見たり手に触れたりすることはできません。しかし、心が存在することは誰もが知っていることです。私達は心の存在も神や生命の存在と同じく五感を超えた感覚能力でこれをとらえているのです。

宇宙生命によって創られた人間という生命体には、心が宿っています。同様に、宇宙生命によって創られた生きとし生けるもの、ありとしあらゆるものにも、心が宿っています。動物には動物の心、植物には植物の心、石には石の心、大地には大地の心がそれぞれ宿っています。つまり、すべてのものに心があるのです。

水も石も土も、有機物も無機物もみなそれぞれが広い意味での生命体なのです。そして、そのそれぞれの生命体はそれぞれ心を持っています。

これと全く同様に、宇宙という神の大生命体にもまた宇宙大生命体の心、宇宙意志という神の心が宿っております。従って、この宇宙意志という神の心は、宇宙の森羅万象の中にも同じように宿っているものであるのです。

唯物論は心が存在することを否定します。しかし、心が存在するということは疑いようのない事実で、それは万人が認めるところのものです。唯物論は心が客観的に存在することを否定します。しかし、心は客観的も客観的、宇宙全体に遍満しているものであるのです。

宇宙意志が宇宙のすみずみにまでおよんで働くからこそ、宇宙は整然と運行し、生成発展していくことができるのです。

人間は神の分霊

神と呼ばれる宇宙大生命は、無限なる能力と叡智、無限なる愛と大調和の心を持っています。だから、宇宙大生命は宇宙を創造し、それを整然と運行させ、生きとし生けるものを生かし、ありとしあらゆるものを存在せしめることができるのです。

この神の叡智と愛と大調和の心をそっくり分け持っているのが人間の魂です。つまり、人間は神の分霊《わけみたま》（霊魂）であるのです。

愛や調和などの精神エネルギーは、宇宙大生命の中に混然一体となって融け合って存在しています。物質エネルギーもまた、宇宙大生命の中に融け合い混然一体となって存在しています。

すなわち、宇宙生命とは、精神エネルギーと物質エネルギーが融合して一体となっているものに他なりません。神は、宇宙生命の精神エネルギーを働かせて思いの通りに物質エネルギーを物質化して森羅万象を創り上げているのです。

こうして宇宙生命によってすべては生み出されているのですから、森羅万象にはそれぞれに生命と心が宿っているのも、当然といえば当然のことといえましょう。

心身一如《しんしんいちにょ》という言葉があります。心と身体は一体のものであり、一体となって働くという意味です。精神エネルギーと物質エネルギーが融け合って一体となっている大宇宙は、まさに心身一如となって働いている大生命体です。人間も同様に心身一如となって働く小宇宙なのです。

人間は神に似せて創られているといわれています。これは、人間は神の全智全能力を分与されていて、神と同じように創られているということです。ですから、人間は自分に備わっている神の心を身体にも顕現して、心身一如の生き方をしていかなければならない存在であるのです。

守護霊守護神の存在

守護霊守護神の守り方

神は確かに存在するということで見逃してならないことは、守護霊守護神の存在です。人間には必ず守護霊守護神がついていて、人間を守り導いているからです。

法則の働きをする法則の神に対して、守護霊守護神は人々を救う働きをする救済の神なのです。

誰でも日常生活の中で一度や二度は、何か目に見えないものに自分は助けられたというような体験をしたことがあるのではないでしょうか。例えば、ひょいと無意識によけたことで難を逃れた、などということはないでしょうか。あるいは、何となく出かけていった先で思わぬ人と出会い、その人に助けられることになった、などという話を聞いたことはないでしょうか。

このような何気ない行動の中に、じつは守護霊守護神からの働きかけがかくされていて、人間を良い方へと導いてくれているのです。

発明発見にも偶然がつきものです。この偶然のように見えるものの中に、ちゃんと守護霊の導きがかくされております。

また、発明発見にはインスピレーションがつきものです。これらのインスピレーションもみな守護霊、指導霊からのテレパシーなのです。

このようにいうと、いや、それはテレパシーなどではなくて、その人の潜在意識の中に蓄積されていたものが熟成されてある発明発案となり、それが表面意識に出てきたものなのだ、という人がいるかも知れません。

もしそうだとしたら、いまだ発明も発案もされていない未知のことがらを、なぜ潜在意識はある時点で突然知ることができるのでしょうか。説明がつかないのではないでしょうか。

しかし、この潜在意識の中のものが出てくるという答えも、じつは次のような意味ではそれは大いに正解なのです。というのは、潜在意識の奥にはすばらしい異次元世界がいくつも広がっていて、そこにはこの世にはないすばらしいものがいっぱい存在しています。そこで、その世界の情報を、その世界に住んでいる指導霊達が教えてくれたり、ヒントを与えてくれたりするのです。

多くの作曲家の話によれば、なぜ作曲ができるのかというと、作曲をはじめると天からメロディが降《ふ》ってくるのだといいます。作曲家達が実感しているように、まさに天にいる守護霊がメロディを降《お》ろしてくれているのです。ベートーベンなどは、人と話を交わしている最中に急に曲想がわいてくることがあって、そのたびにプイとどこかへ行ってしまって曲を譜面に書き取っていたといいます。

ベートーベンなどは、まさに潜在意識の奥に広がっているすばらしい世界（神界）からの曲がひびいてきたのでありましょう。この世にはまだ存在していない独創性の高い新しい曲が生まれるには、やはり他の世界から持ってくるしかないのではないでしょうか。その手助けをしてくれるのが守護霊守護神なのです。

これは文章を書く場合でも同じです。ある内容の文を書こうとしていると、その文の構想や文章などが自然に頭の中に浮かんできます。その時、特に今まで思ってもいなかったような新しい発想が出てくることがあります。このようなオリジナルな発想は本人の直観によるものであると共に、それはまた守護霊守護神からのテレパシーによるものでもあるのです。神との一体化が密になるほどこの直観力が増してきます。

実業家でも、商人でも、仕事に対し目的意識を持って努力していると、仕事に関するアイデアがひらめいてその人を成功に導いてくれたりします。

スポーツマンでも、演奏家でも、芸能人でも同じです。一生懸命に努力していると、守護霊も大いに応援してくれます。「天はみずから助ける者を助ける」と聖書の言葉にもあるように、本人のたゆみない努力があるところに神（守護霊）からの手助けもあるのです。

ある俳優さんは舞台の演技にいきづまると、夢の中に亡くなった俳優のおじいさんや先輩の俳優さん達が出てきて、いろいろと演技をして見せてくれては、そのヒントを与えてくれるのだそうです。亡くなったおじいさんや先輩が指導霊となって教えてくれているのです。そのおかげで、いきづまった壁を乗り越えていくことができるとのことでした。

すぐれた演奏家がすばらしい演奏をした時などは、音楽の神様が降りてきていっしょに演奏をしているのだといいます。だから、音楽の神様と一体となったすばらしい演奏のひびきに、聴衆は大きな感動を覚えるのです。よく神様が乗り移ってでもいるかのような印象を受けることがありますが、それはまさに神様のふんいきやひびきを実感しているものに他なりません。

自分がどうしたらいいかわからなくなった時、内なる声がして、進むべき方向がわかったり、ある決心がつくということがあります。古代ギリシャの哲人ソクラテスは、この内なる声をデーモン（神霊）と呼んで、内なる声に従って生きよ、と説きました。この内なる声こそは、守護霊守護神から伝わってくる導きのひびきなのです。人間はこの内なる神と共に歩めば、いかなる困難といえども乗り越えていくことができるのです。

このような守護の神霊の存在を何となくでも感じている人、信じている人はけっこう多いのではないでしょうか。私自身も守護霊守護神の強烈な愛念を何度も実感しておりますので、守護の神霊がいることはまぎれもない事実であると思っております。

一人の人間が生きていられるのは、その人間を生かしているものが存在しているからに他なりません。人間を生かしているものとしては、じつにさまざまなものがあります。大地、空気、水、太陽、植物、動物、鉱物、食物、等々です。しかし、これらのものさえあれば充分かというと、そうではありません。

人間はともすると、自分一人の力で生きているようなつもりでいることがあります。しかし、一寸先のことさえもわからない人間には、とうていそのような力があろうはずもないのです。つまり、肉体人間というものは、まるで赤ん坊同然で、何ごともなし得ない無力な存在でしかないのです。

ここに守護の神霊の存在が必要となってくる理由があります。人間を誕生させ、その後も人間のいのちを安全に守り導き、やがて死を迎えさせる、そのような人間の生死と運命のすべてを見守り、司る守護霊守護神の存在が必要なのです。

守護の神霊があってはじめて人間は無事に生き、また死んでいくことができます。守護の神霊なしには人間は一瞬たりとも生きていることすらもできないのです。守護の神霊の守りの働きは日夜を問わず瞬々刻々常時おこなわれているものなのです。

このように考えると、神霊の存在なしには私達は生きられないということがよくおわかりいただけるのではないかと思います。

私達肉体人間にはじつは無限なる能力が内在しております。しかし、その無限なる能力も、守護の神霊からの力ぞえがあってはじめて発揮していくことができるのです。

私達はふだんは守護の神霊の存在を意識することはほとんどありません。しかし、時には心静かに、自分を愛《いと》おしみ守り続けて下さっている守護霊様守護神様を思いみてみることも大切だと思います。自分が今日まで生きてこられたのも、守護霊様守護神様のおかげなのだなあと思いながら、守護霊様守護神様に心を向けていると、そのありがたさがしみじみと感じられてくるのではないでしょうか。

宇宙神の存在

宇宙が存在することは疑いようのない事実です。宇宙が存在するからには、宇宙を存在せしめているものがなければなりません。その宇宙を存在せしめているものを神と呼ぶのです。だから、その神の存在も疑いようのない事実です。

宇宙の根源にあって、宇宙のすべてを存在せしめているものを、特に宇宙神と呼びます。宇宙のすべての究極の原因として存在するもの、宇宙のすべてを支配する宇宙最高の神、それが宇宙神です。それは宇宙という果てしない大生命体を生みなしている無限なる宇宙大生命エネルギーそのもののことでもあります。

この無限なる宇宙大生命そのものの宇宙神こそは宇宙のすべてを生みなしているすべてのすべてであり、すべての大元《おおもと》です。それは全智全能なる究極の存在です。

この宇宙神の万能のパワーがさまざまな神々の働きに分かれて働くのです。その分かれた働きの一つ一つにそれぞれ「何々の神」という名前がつけられているのです。ですから、神とは宇宙神のさまざまな働きの一つ一つにつけられた呼び名に他なりません。宇宙神の法則の働きを法則の神と呼びます。宇宙神の宇宙創造の働きを創造神と呼びます。そして、さらに大自然を司る神々の働きをそれぞれ太陽神、山の神、海の神、大地の神、植物の神、動物の神と呼んでいるのです。

宇宙神から分かれて人間の大元《おおもと》となっている神を直霊《ちょくれい》といいます。この直霊神から分かれたいのちが人類すべての一人ひとりのいのちとなって働いているのです。また、直霊神から分かれた救済の神、守護神守護霊は人間を守護する働きをしております。

　こうして、人類の一人ひとりが一体となって働き、神々が一致協力して働くことによって、宇宙神の全智全能の力を現していきます。神々や人類が一体となり調和して働くところに、神の全智全能の力が発揮されていくのです。神々の働きや、神の分身である人類一人ひとりの働きは、それぞれが大宇宙という神の働きの一つ一つであるのです。

第三章

人間に宿る神性

――人間が神である証拠――

人間は神になれる

人間は本来神である

すでに述べたように、人間は神の分身であり、神の分けいのちです。ですから、人間には神性が宿っています。神のいのちが分けられている人間には、神の心もそのまま分けられているのです。このことを、人間は神の分霊《わけみたま》であるといいます。人間は神の分身分霊《ぶんれい》なのです。

神性とは神の性質、神の心、神の能力のことです。人間は神性を持つ神の子であり、また神そのものでさえあるのです。人間は本来神であり、人間の本質は神であるが故に、人間は神性を顕すことができます。人間は神である。これは全く真実のことなのですが、しかし、なかなかそうは思えない人も多いのではないでしょうか。

人間は神であるなどというと、思い上がりもはなはだしいとか、おこがましいことをいうにもほどがあるといって、なかには怒りだす人がいるかも知れません。おこがましいと思うほどに、人間は自己の神性というものをすっかり忘れ果ててしまっているのです。そして、神と人間を別のものとして遠くに切り離してしまっているのです。

人間が神であるとはとうてい思えないという最大の理由は、人間は動物にも劣る残虐な心を持ち、悪事を働くではないか、という点にあると思います。

このことだけを見ている限り、なるほど人間は神であるなどとは、確かに思えるものではありません。しかし、ここで大事なことは、人間は神であるというのは、悪事を働く肉体人間のことをいっているのではないということです。肉体人間の方は確かに罪悪甚重《じんじゅう》の凡夫《ぼんぷ》に他ならないものです。しかし、それにもかかわらず、人間はその本質においては神であるというのです。

では、本質的には神である人間がなぜ悪事などを働くのでしょうか。

それは、人間が宇宙の真理を見失ってしまったことによって、誤ったものの見方や考え方をするようになってしまったためなのです。それが人間の誤った行為、悪事となっているのです。つまり、人間が誤った想念を持つようになってしまったが故に、それが誤った行為を引き起こしているのです。そのために、人間は自分のほんとうの姿を現すことができなくなってしまっているのです。

ですから、その誤った想念行為を見て、それを人間のほんとうの姿だなどと見まちがえてはなりません。その人間の誤った想念の奥に、じつは人間の本来の心である神性が宿っているからです。しかし、悪想念が人間の神性をすっかりおおいかくしてしまっているために、人間は自己の神性に気づくことができないでいるのです。

このように、人間は本来神であり、人間の本質は神であるのです。

聖者賢者の存在

人間は本来神であるから、どんなに罪悪甚重の凡夫でも、やがては自己の誤ちに気づき、改心して、神と一体化して神になることができます。

神になるというのは、人間が全く別のものになるということではありません。神になる、仏になる（成仏）とは、人間の本質である神性をそのまま肉体にも顕せるようになる、ということです。内在している神が顕れ出る、ということなのです。

また、神になるというのは、人間の魂が純化して神性そのものになる、ということです。魂に混じっていた不純な想い、悪想念、業想念が純化されて、魂そのものが神性化するのです。このように、人間の魂、心が純化し神性化すると、神性化した心はそのまま肉体にも顕れてきます。神が肉体にも顕現するのです。

人間が神になれるという何よりの証拠は、聖者賢者や愛深き人々の存在です。釈尊やイエス　キリストをはじめとする多くの聖者賢者は、人間は内なる神性を顕現することができるということを身をもって示して下さった方々です。

釈尊やイエス　キリストなどの教祖達の他にも、次のような方々をあげることができます。例えば、「和をもって尊しとなす」という憲法をつくって、神の心である和の心の大切さを広く世に示した聖徳太子。しいたげられたインドの民衆を植民地支配から解放するために、非暴力に徹した民衆運動で神の心を貫き通し、独立を実現させたガンジー。どんな人にも神の愛は注がれているのだということを、その献身的な愛で身をもって示してくれたマザー　テレサ、等々。

その人達の深い愛の行為には、私達は心を打たれないではいられません。私達は、神我一体となった人達の中に、神の愛の働きを見て、そのことに感動を覚えます。

と同時に、その神の愛が人間の中にも流れているということに、またこの上ない感動を覚えるのです。つまり、人間も神と同じ心を持ち、神と同じ行為をすることができるのだということに、私達は無上の感動を覚えるのであります。

このように、聖者賢者はみずからの行為をもって、人間は神になれるということを私達に示して下さり、またお説き下さいました。

しかし、こういうと、そういう聖者賢者は特別な人達なのだ、そんな特別な人のまねをしろといっても一般の自分達などにはとうていできるものではない、と否定的になってしまう人もいるのではないかと思います。

そこで、このように自分にはできないと否定的になる人達にとって大いに参考になるのが妙好人と呼ばれる人達の存在です。

妙好人達は、一般の人と何ら変わらぬ生活をしながら、「南無彌陀仏」の念仏一筋でひたすら彌陀仏（神）の中へ融け込んでいった人達です。そして、彌陀は自分で自分は彌陀よといった神我一体の境地にまで達したのでした。妙好人の中には読み書きも満足にできない人も多かったといいます。

しかし、ここまでいっても、人間が神になれるということは、やはりなかなか信じがたい、という人がいるかも知れません。なぜなら、人間は善人ばかりではない、なかには悪いことばかりする極悪人もいるからです。

そこで、どんな人にも神性は宿っており、その神性の発露を見いだすことができるのだということを、次にいろいろと見てみたいと思います。

人間に宿る愛の心

思わず働く愛の心

人間には愛の心というものが宿っていて、それが折にふれては顕れます。

例えば、井戸をのぞいている幼児が今にも落ちそうになっているのを見ると、どんな悪人でも思わず駆け寄って助けようとします。このように、どんな人でもとっさの時は人を助けようとする愛の心が働くのです。愛の心はいうまでもなく神の心です。

それだけではありません。どんな悪人でも、あどけない幼児を見れば、思わずかわいいと思うに違いありません。これも純粋に湧き出てくる愛の心です。赤ん坊を見つめる母親のやさしいまなざしは、まさに観音様の慈愛に満ちたまなざしそのものです。また、幼児ばかりではありません。多くの人は動物の子供を見ても、理屈抜きで何てかわいいんだろうと思ってしまいます。この純粋にかわいいと思ってしまう愛の心こそ、人間に内在している神の心が発露しているものに他なりません。動物好きの人は、まちがいなくこの愛を発露している人なのです。

動物だけではありません。植物に対しても、花を愛《め》でる人、草木を大切に育てる人達は、やはり草花に愛の心を注いでいる人達です。動物好きの人も、植物好きの人も、それぞれに慈《いつく》しみの心、愛を注いでいる人達なのです。

ところで、読者の中には、もしかすると、自分は幼児を見てもかわいく思えない、むしろ憎らしい気持になる、という人がいるかも知れません。それがひどくなると、幼児を虐待してしまうということにもなります。そういう親もかなりいるようで、その悩みも深刻なようです。幼児虐待は、病《や》んでいる心がそうさせるのです。それは一種の心の病《やまい》によるもので、その人のほんとうの心ではありません。その病んでいる心の奥底に、じつは人を慈しむ愛の心が誰にでもちゃんと宿っているのです。

幼児虐待に限らず、病んでいる心や、心の悩みを癒す方法として、「神性に目覚める生き方」があるのですが、それについてはのちほど述べることに致します。

人間に宿る美の心

人間は草花や大自然の景色を見ると、それを美しいと感じます。この美しいと感じる心、美を好む心も、人間の神性が顕れたものなのです。美を愛する心が絵画や音楽という芸術作品となって表現されます。美や愛といった神の心や神の世界のひびきを表現するものが芸術ですから、その美や愛といった神のひびきがどれだけよく表現されているかということで、芸術作品の価値が決まってくるのだといえましょう。

美を知る感覚能力

この美というものも、私達はそれを五感だけでとらえているのではありません。美しいと感じるのは、五感で感じるのではないのです。美は五感を通しながら、五感を超えた美感覚とでもいうべき心の感性によって感じ取っているものです。五感だけでは神をとらえることができないのと同様に、美をとらえることもできません。

私達はさまざまなものに美を見いだすことができます。愛の行為、善なる行為を見ると、私達はそこに美しさを感じます。その他にも、人が働いている時の美しさ、くつろぎの中の美しさ、笑顔の美しさ、躍動美、静寂美、可憐な美、荘厳な美、聖なる美、調和の美というように、いたるところにいくらでも美を発見することができます。

美はいのちの本質

これらはいのちが持つ美しさといえます。いのちが現れ出ているあらゆる側面に、いのちが持つ美しさを見いだすことができます。つまり、美はいのちの本質であるのです。人が美を好むのは、いのちはいのちが持つ美しさを愛するからであるともいえます。美というのちの本質を愛する人間の心は、まさにいのちあるものを愛する神の心そのものなのです。美を愛する人も、また神性を発露している人に他なりません。

人間に宿る良心・理性

真理がわかる心

人間はさらに良心を持っています。善悪がわかり、善に従って行動しようとする心が良心です。この良心も神の心の働きです。良心にのっとって行動する人も、神性を発露している人です。

また、人間はものごとを論理的に判断しようとする理性の働きを持っています。科学はものごとの合理性、法則性を追求して、ものごとの原因結果を明らかにする学問です。神の本質である法則性にそって、法則的に合理的に判断する心も、また神の心の働きに他なりません。ですから、ものごとを合理的に判断していく人も、また神性を発露している人なのです。

その他の神意識

無意識にある神意識

人間は神の心を持っている、という証拠はまだまだあります。

例えば、人間は誰でも、自分はいつまでも生きていられるようなつもりでいることがあると思います。みんな必ず死ぬものであることをよく知っているにもかかわらず、何だかいつまでも生きていられるような気がするのです。これは一見無自覚で脳天気な思いのようにも見えます。しかし、私はこれもまた、人間が心の奥底で持っている神意識の無意識の顕れではないのかなと思っています。人間は心の奥底では自分は神の永遠のいのちであることを知っています。それで、その意識が無意識のうちにいつまでも生きられるような気持となって顕れてくるのではないのかと思うのです。

これと同じことが、昔からある不老不死の願望についてもいえると思います。自分のいのちが永遠のいのちであると知っている人間は、それを肉体の上にも現そうとして、不老不死への願望を持つのではないでしょうか。

人間はまた、ともすると、自分一人の力で生きているようなつもりでいることがあります。一寸先のことすらもわからない肉体人間としてはこれはあまりにも、ものを知らない傲慢な思いであるというしかありません。そういう幼い精神レベルでしかない人も確かにおります。

しかし、それとは別に、一方ではこれもまた、人間の心の内奥では、自分は神の無限なるパワーを持ついのちであることを知っているので、その神意識が無意識のうちに顕れてくるものではないだろうかと思うのです。

人間が安全や安心を求めて生きているのも全く同じことです。これも人間は内心、神である自分は大調和の中で大安心して生き続けていく者であることを知っているので、それを肉体の上にも自己実現しようとしているものなのだといえます。安心立命を願って神との一体化を求めるのも、神なる自己を実現しようとする内なる神意識の顕れに他なりません。

人間に宿る創造力

無限なる創造能力

人間は他の動物とは違って、いろいろなものを創り出すことができます。より便利なものを、よりすばらしいものを次々と新しく創り出していくことができます。この人間の創造能力は、まさに神からきている創造能力に他なりません。

創造活動は、まず願望を持つことから始まります。ある願望を持ち、その願望を実現させようという意志を持つことによって、はじめて創造活動をおこなっていくことができます。

どんなに途方もない願望であっても、人間はいつの日にかその願望を実現させてしまうというすばらしい能力を持っております。願望と持続する意志さえあれば、人間はどんな夢のようなことでも実現させてしまうのです。これは人間の中に神の無限なる創造能力が備わっているということの証拠です。

しかし、人間はこのようなものすごい創造力を持ちながら、それを誤った方向に使ってしまいました。見せかけの繁栄をつくり出し、対立と闘争に明け暮れるような暗黒の人間社会をつくり出してしまったのです。そして、人々を苦悩の中に落とし入れております。また、大量の殺人兵器や、地球を何十回も破壊できるような原水爆をつくって、人類を破滅の危機に立たせてしまっております。

人類はもうこのような破滅への道を歩むのをやめなければなりません。そして、人類の無限なる能力を正しい方向に使うようにしなければなりません。そのためには、人類が正しい願望を持てばいいのです。

人類の正しい願望とは人類が共有できる願望です。人類が共有できる最大の願望は、人類が一人残らず幸せに生きていくことができるようになるということです。人類全員が幸せに生きられる完全平和の世界になる、そういう恒久《こうきゅう》平和の世界を創るということです。これは人類がいまだに達成することができないでいる人類最大の悲願です。

しかし、この人類最大の悲願といえども、私達がそれを達成しようと固く決意しさえすれば、それは必ず達成することができるものなのです。人間には、それを達成し得る無限なる神の創造能力が備わっているからです。

第四章
人間の心について

最も重要な心の問題

心の重要性

人間にとって心ほど重要なものはありません。また、心の問題ほど重要な問題はありません。なぜなら、心は行動の原動力だからです。

心はその人の行動を左右します。そして、その人の運命をも左右するものなのです。同様に、心は人類の行動を左右し、人類の運命をも左右します。心のあり方次第で人の幸不幸が決まり、人類の幸不幸が決まるのです。人類が滅亡に向かって進んでいくか、蘇りに向かって進んでいくかも、人類の心の持ち方いかんによって決まってくるのです。

まことに私達人類にとって心の問題ほど重要な問題はありません。

私達人類が営々として築き上げてきた物質文明は、さまざまな矛盾やひずみを生み出してしまいました。それというのも、私達人類が自己中心と物欲中心という片寄った心で行動をした結果に他なりません。この自己中心と物欲中心の心を改めない限り、人類はやがて有限な地球資源をくいつぶしてしまうか、その前に、資源争奪の最終戦争か天変地変によって淘汰され、滅亡するしかなくなるでありましょう。

では、一体どうすれば、私達はこの自己中心の心を改めていくことができるのでしょうか。また、私達はどのような心を持てば、矛盾やひずみのない健全な社会を創り上げていくことができるのでしょうか。あるいはまた、どういうふうに生きていけば、平和な心で幸せな生き方をすることができるようになるのでしょうか。このような心の問題を明らかにすることがこれからの私達人類の最も重要な課題となってきました。

唯物論の誤り

しかし、このように重要な心の問題は、唯物論では決して明らかにすることはできません。心の存在を否定する唯物論では、心の本質的なことがらを知ることはできないからです。
では、なぜ唯物論では心の本質的な問題を解明することはできないのでしょうか。それを明らかに知るために、唯物論のどこがどうまちがっているというのでしょうか。それを明らかに知るために、少し細かい点を見てみることにしましょう。

唯物論は心の存在を否定します。しかし、知覚や感情や意志といったさまざまな心が生起することまでも否定しているのではありません。心が生起することは認めているのです。但し、心そのものは存在しないというのです。どうも徹底しない考え方です。ともかく、唯物論が心は存在しないといっているのは、心そのものという非物質的な実体は存在しない、ということなのです。

しかし、これは明らかにおかしな考え方であるといわざるを得ないものです。なぜなら、心は生じるが、心そのものは存在しないというのは、痛いという感覚は生じるが、痛いという感覚そのものは存在しないといっているのと同じだからです。感覚が存在しないというのは明らかにまちがっています。つまり、唯物論は、存在もしない心が生じるなどと、支離滅裂なことをいっているわけです。

脳の研究によって、心は脳の活動で生じると考えられるようになりました。脳内には怒りとか悲しみなどの感情を司る中枢神経や、やる気神経とか快楽神経とかがあって、それぞれの脳神経の活動によって怒り、悲しみ、やる気、快楽等の心が生じるといいます。

そこで唯物論者は、心は脳内神経細胞という物質の働きで生じるのであって、脳細胞とは別に心そのものが客観的に存在しているわけではないのだ、というのです。

脳科学によれば、脳の活動は、脳神経細胞の電気信号点滅の伝達と脳内ホルモンなどの化学物質の伝達によって起こります。このことから唯物論者は、「心とは脳細胞の電気信号の点滅であり、脳細胞の分泌物である」といいます。

しかし、この定義も明らかにわけのわからないおかしな定義であるといわざるを得ないものです。この定義だと、脳の電気点滅が喜びという心であったり、脳のホルモン分泌が悲しみという心であったりすることになります。すなわち、「喜びとは脳の電気点滅である」「悲しみとは脳のホルモン分泌物である」などという定義になります。これでは言葉の意味をなしていません。言葉の意味をなさない判断が正しい判断であろうはずがありません。電気点滅は電気点滅であり、ホルモン分泌はホルモン分泌であって、それがすなわち喜びであるとか悲しみであるなどということには決してなりません。電気点滅イコール喜びでは決してないのです。

唯物論は、心は脳の働きである、と定義します。脳細胞の電気的活動などを脳の働きというのなら話はわかります。しかし、心の働きである喜びや悲しみまでをも脳の働きと定義してしまうのは、やはりあまりにも飛躍した強引な定義であるといわざるを得ないものです。脳の働きで心が生じるということはいえますが、脳の働きそのものが心では決してないのです。このように、唯物論の立場では、心についての正しい認識が持てなくなり、おかしな判断や定義をくだすしかなくなるということがいえるのではないでしょうか。そもそも心そのものは存在しないという認識そのものがすでに誤った認識であるのです。

知情意という心が生じるのは、やはりあくまでも心そのものの働きによって生じると考えるのが正論でありましょう。ちなみに働きとは、つきつめれば、それはバイブレーション（振動、波動）を起こすことであるといえます。心という実質を持った存在が心特有の喜びのバイブレーションを起こすと喜びが生じ、悲しみのバイブレーションを起こすと悲しみが生じるのです。喜びも悲しみも、心そのものの働きによって心が感じているのであって、脳という物質の働きで脳が感じているのでは決してないのです。

心そのものの存在を否定する唯物論では、心は所謂脳という物質に従属し規制されるものでしかありません。従って、唯物論からは、心の自主独立性という問題を導き出すことはできません。そんなものは初めから否定しているからです。唯物論では、人間にとって最も重要な心の自由という問題を導き出すことも確立することもできないのです。

やはり、心そのものが自主独立して存在するということがあってこそ、はじめて心の自由ということも成り立ちます。心の自主性、心の自由を尊重するということもそこから導き出すことができるのです。

心と脳の関係

ところで、脳の特定の中枢に直接電気刺激を与えてその部分を活動させると、その特定の中枢が司る心を生じさせることができるといいます。

この現象を見ていると、あたかも脳の特定の中枢の働きがそのまま特定の心となって生じるので、脳の働きすなわち心の働きであると思いたくなるのも無理はないのかも知れません。しかし、あくまでも脳という物質の働きは物質の働き、心の働きは心の働きであって、物質イコール心では決してないのです。

では、なぜ脳の特定の中枢が刺激を受けて活動すると、特定の心が生じるのでしょうか。それについては、例えば次のように考えることができると思います。

まず、心（魂）というものがあって、それが脳や肉体の中に宿っています。そして、例えば、指先の刺激が脳に伝わって痛みの中枢を活動させるとします。すると、その痛みの中枢が持つ特有のバイブレーションが生じます。そうすると、脳に宿っている心がそのバイブレーションに感応して、心も痛みのバイブレーションを起こして痛みの感覚を生じるのです。ですから、脳という物質そのものが痛いと感じるのではありません。脳（物質）の働きを介し、脳の活動の刺激を受けて、あくまでも心が働いて心が痛いと感じるのです。脳は心が生起するための仲介となる媒体なのです。

次に、さらにその痛みを感じたことで肉体がある行動を起こそうとします。この場合は、まず心がある行動をしようという考えを起こします。すると、その心のバイブレーションが脳に伝わり脳細胞を働かせて肉体に行動を起こさせるのです。脳は心の指令を肉体に伝えるための指令塔でもあります。但し、手が熱いものにふれると反射的に手をひっ込める場合のように、反射運動が脳内神経回路に形成されているもの（無条件反射）もあります。

心と肉体の関係

右に見たように、心が肉体に宿っている間は、心は肉体からの刺激を受けて心を生じさせます。また、心は肉体へも刺激を与えて肉体を動かしたり、肉体にさまざまの影響を与えていきます。

その心は、死後肉体を離れても幽体や霊体をまとって輪廻転生しながら存在し続けていくのです。このように、心は脳という物質がなくても存在します。しかも、心は永遠に存在し続けるのです。ですから、心は脳細胞の中だけで生起するものではありません。宇宙空間のいたるところで心は生起します。

そして、心はまた脳を離れた場所でも容易に伝わっていくことができるのです。例えば、透視とかテレパシー、念力による物体操作など、種々の超能力現象がそうです。

以心伝心《いしんでんしん》なども、日常多くの人が実感している心の現象です。私も自分の気持が相手に直接伝わるという経験を何度となくしております。

唯物論では、これらの現象を全く説明することができないので、現象そのものを頭から否定してかかるのです。

心の存在を否定する唯物論者は、当然念のパワー、気のパワーといったものの存在を否定します。気功師の中には、気のパワーで人を倒したり踊らせたりする人がいます。ある唯物論の学者は、それは気のパワーなどではなく、暗示で倒れているのにすぎないといいます。暗示にかかりやすい人が「倒れる」という暗示を受けて倒れるのだ、というのです。

ところが、暗示とは、「倒れる」という思念を持つことによって、思念通りに体が倒れてしまうことをいいます。これは、「倒れる」という思念のパワーが脳細胞を働かせて体を倒してしまうということなのです。すなわち、暗示の働きを認めているということは、念のパワーの働きを認めていることに他ならないのです。この唯物論者は、念や気のパワーの存在を否定しながら、一方では念という気のパワーの働きを認めるという矛盾に落ち入っています。唯物論者といえども、念のパワーで説明しなければ説明のつかない現象がやはりいくらでも存在するのです。

心というものも、神や生命の存在と同じように、人々はこれを五官でとらえているのではありません。心は心が持つ感知能力で直接とらえているのです。

誰もが一番はっきりととらえることができるのが自分の心の存在です。喜怒哀楽といった自分の心の存在は、自分の心が直接それを感じているものに他なりません。

心が持つ感知能力は他人の心の内容も知ることができます。それがテレパシー能力と呼ばれているものです。人々はこのテレパシー能力をすっかり失ってしまいました。

ところで、物が存在することも、心が存在することも、すべては心がそれを感知することによってはじめてそれが存在していることを知ることができます。従って、物や心の存在をとらえる心が存在しなければ、何ものも存在し得ないのだ、ということもいえるわけです。

この考え方をするのが唯心論（唯識論）です。唯物論とは正反対の考え方で、唯心論は「心のみが存在する」という説です。唯心論では、物質というものも、じつは物質としてとらえられている心の映像にすぎないものなのだ、といいます。従って、物質そのものが存在しているわけではないのだ、というのです。物質そのものがほんとうに存在しているかどうかは不可知のことであって、確実なことは、物質と呼ばれている心の映像が存在するということだけである、といいます。

この説は唯物論よりもはるかに説得力を持っているといえるのではないかと思います。しかし、この唯心論もまた極端なものの見方だといわざるを得ないのではないでしょうか。

心の存在の他に、心とは異なる面を持った物質が客観的に存在するということも、やはりどうしても認めざるを得ないものだからです。心と物質は相互に独立して存在しながら、相互に関わり合っているものであるととらえるのがやはり一番正当なとらえ方であるといえます。

従って、心は本質的に物質に従属するものでもなく、物質に支配されるものでもありません。これまでの人類の心はあまりにも物にとらわれ、物にふり廻され、物に大きく従属した生き方をしてきておりました。もうこれ以上、心を物の奴隷にさせておいてはなりません。私達は物の支配から心を解放して、心の主権を取り戻さなければなりません。

人間の心は、基本的には自主独立した存在なのです。だからこそ、人間の心は自由自在性を持っているのです。お互いがお互いの自主性を認め合い、尊重し合うことによって、私達は心の主権を取り戻していくことができます。

さて、肉体に宿っている人間の心は脳の中や肉体の中を自由に駆けめぐることができます。しかし、さらに、空間の中をも自由に駆けめぐることができるのです。心の自由な働きというのは、こういう形でも自由に働くことができるものなのだということがわかります。

心というものをこのようにとらえていくと、超能力現象についても、それがなぜ起きるのかを説明することができます。

例えば、封筒の中の紙に書いた文字を透視する場合があります。これは、封筒の中に送った念の感知能力で直接文字を読み取る、と考えることができます。あるいはまた、封筒に手をかざして感知する場合などは、手から放射した念波で文字の波動をキャッチし、それを脳に送って脳内スクリーンで文字に映像化する、と考えることができます。

テレパシーの場合でも、念が空中を通して送られてきたのを受け手が自分の想念の感知能力で直接キャッチするものである、ということがわかります。これは人から人への以心伝心の場合にもいえることです。また、守護霊からのインスピレーションの場合にも当てはまります。

さて、心と肉体というものは、相互に影響を与えながら相互に関わり合って働いているものであることがわかります。

まず、肉体のあり方が心のあり方に影響を与えるという場合を見てみましょう。例えば、適度な運動や発汗によって、心は清々《すがすが》しいものになります。また、静かに腹式呼吸をおこなうことによって肉体の緊張がほぐれて心もゆったりとくつろいできます。

これらのことをあらかじめ知っていると、肉体をそのような状態にもっていくことによって、心を意図的に快適な状態にさせることができます。

しかし、心と肉体の関係は、一般的には心のあり方が肉体に著しい影響をおよぼすという関係にあります。

例えば、いらいらした心や悩みや心配ごとを持っていると、それがストレスとなって肉体の方にもさまざまな不調や障害が起こります。

さらに願望や意志という心の働きは肉体に行動を起こさせます。心は肉体を動かすのです。心は行動の原動力となっているものです。

暗示という心の働きは、肉体に暗示の通りの反応を起こさせます。あるいは、プラシーボ効果（にせ薬効果）という心の働きもあります。例えば、乗り物酔いする人に、乗り物酔いによく効く薬だといって小麦粉を飲ませると、乗り物酔いしなくなるといったことがあります。暗示も、プラシーボ効果も、みな思い込みの効果、信念の効果です。それは思念が持つパワーが肉体を操作するということなのです。

また、この思念のパワーは肉体を操作するだけではなく、直接物体に働きかけると物体を曲げたり動かしたりすることもできます。

心と肉体、魂と肉体の関係を見る時、基本的には魂の方が主導権をにぎっていて、魂が肉体を操作しているものであることがわかります。それはちょうど、肉体という乗り物に魂という運転手が乗って運転しているようなものなのです。肉体は魂の入れ物、器《うつわ》なのです。

人間には二種類の心がある

ひとくちに人間の心といっても、その心にはじつにさまざまなものがあります。

では、その人間の心には一体どのようなものがあるのでしょうか。
まず、人間の心は、大きく次の二種類のものに分けることができます。
（一）　業想念《ごうそうねん》
（二）　本心《ほんしん》
人間の心と呼ばれるものには、この業想念と本心という二種類のものが入り混じっているのです。

業想念とは

業《ごう》とは行為のことです。カルマとも呼ばれています。カルマとはサンスクリット語（古代インド語）で行為という意味です。

身《しん》（身体）・口《く》（言葉）・意《い》（心）の三つの行為は、それが原因となってある結果を生じます。その原因と結果の間には次のような法則が存在しています。
①良い行為は、善因となって善果を生ずる。
②悪い行為は、悪因となって悪果を生ずる。

この善因善果、悪因悪果の法則が業の因果律《いんがりつ》と呼ばれているものです。人間世界は、この業因果の法則、カルマの法則によって支配され、動かされております。

業（行為）には、善業（善行為）と悪業（悪行為）があります。しかし、ただ単に業という場合は、それはもっぱら悪業の方をさしていいます。

悪業（悪行為）は悪因となります。従って、業という言葉には、悪行為という意味と共に、悪因という意味もあります。例えば、業を積むといういい方があります。これは、悪い行為をするということですが、同時にそれは悪い行為をして悪い原因をつくる、という意味にも使われます。

業（悪因）は悪果を生じます。従って、業には悪い結果という意味もあります。業が生じるといういい方がありますが、これは悪い結果が生じる、悪いことがらが起こるという意味です。

このように、業とは悪行為・悪因・悪果という一連のことがらをさしていう言葉なのです。

業想念というのは業の想念のこと、つまり悪想念のことです。善悪混交の想念を含めた不調和な想念のことであり、不調和をもたらす誤った想念のことです。

本心とは

業想念とは別に、人間には本心があります。本心とは本《もと》の心のことです。人間の本《もと》は神ですから、本《もと》の心とは神の心のことです。ですから、人間に内在する神の心こそ人間の本心なのです。それが人間の本当の心なのです。

業想念と本心の区別を一言でいうなら、業想念は悪い想念、本心は良い想念、善なる心のことです。善なる心こそ人間が本来持っている真実の心です。従って、人間が幸せに生きるには善なる本心だけで生きればよいのだ、ということになります。

ところが、悪想念、善想念といっても、これがなかなかわからない場合が多いのです。自分では良いと思ってやっていることが、じつは業想念行為そのものであったりします。また、多くの場合は、お互いが正義を主張してぶつかり合っております。一方では、自分が善で相手が悪だといいます。他方では、その逆で、自分の方こそ善で悪は相手なのだといいます。これではどちらが正しいのかさっぱりわかりません。

なぜこのようなことが起きるのかというと、お互いが自己中心の主観的な基準で自分勝手に正義を主張し合っているにすぎないからです。それは人類がいまだ善悪に対する普遍的客観的な基準を共有するには到っていないからなのです。

そこで私達は、ほんとうは何が善で何が悪なのかという普遍的客観的な基準というものをしっかりと持つことが必要になってきます。そのために、良くない想念、業想念とはどのような想念であるかということを詳しく見てみたいと思います。そして、善悪の普遍的な基準は何かということを見極めていってみたいと思います。

業想念について

さまざまな業想念

業想念とは、人間の良くない想念、悪想念、不調和な想念、誤った想念のことをいいます。

では、その業想念には一体どのようなものがあるでしょうか。

まず、自我欲望として起こる業想念として次のようなものをあげることができます。物欲、金銭欲、所有欲、独占欲、優越心、競争心、闘争心、自己顕示欲、名誉欲、権力欲、支配欲、等々です。そして、厳密には自己保存の本能もこの中に数えることができます。自己保存欲は自分を守ろう、自分だけを守ろうとする自我欲望です。人類はこのような自我欲望を持ち続けてきたために、それは本能といわれるまでの強烈な欲望となってしまいました。そこで多くの人は、これらの自我欲望は本能であるからこれをなくすことはできないと思っています。

ところで、これらの自我欲望は、往々にして何かに妨げられたり、うまく達成できないことがあります。そのような時に、種々の感情的な業想念が起こってきます。その感情的な業想念としては次のようなものをあげることができます。

怒り、憎しみ、恨《うら》み、ねたみ、責め裁き（他罰、自己処罰）、誹謗、非難、敵意、攻撃心、復讐心、殺意、排他心、嫌悪感、軽蔑心、差別心、不平不満、不安、恐怖、失望、絶望、挫折感、敗北感、劣等感、卑下慢、高慢、憂うつ、苦悩、心配、悲哀、悲嘆、種々のとらわれの想い、妄想、狂気、等々です。

右にあげたような業想念が、じつは戦争をはじめとするあらゆる対立闘争、分裂分断、差別、もめごと、悪事、犯罪、異常行動を生み出しているのです。また、これらの業想念が人類をあくなき地球資源の乱獲乱開発へと駆り立てて、地球破壊を推し進めているのです。人類がひき起こしている諸々の災い、禍事《まがごと》はすべてこれら業想念のなせるわざなのです。

しかし、これらの業想念は人類が初めから持っていたものではありません。神の分《わけ》霊《みたま》として地球に誕生してきた頃の人類は、神の心そのままにおおらかに暮らしておりました。ですから、その頃の人類の脳の中にはまだ憎しみや恨みの中枢などというものはなかったはずなのです。その後、人類がだんだん業想念的欲望を持つようになってきたために、脳内にもさまざまな業想念の中枢が形成されてきたものと思われます。

業想念の始まり

では、人類はなぜこのようなさまざまの業想念を持つようになったのでしょうか。

それは、人類が「この肉体が自分である」という自己限定をするようになったからなのです。「自分とは肉体である」「個々の肉体が人間である」という肉体人間観によって自我がめばえ、人類は自分の肉体を守ろうとする自我欲望を持つに到ったのです。人間の脳に自我欲望の中枢があるとするなら、その中枢は自我意識のめばえによってはじめて形成されたものであるはずです。こうして、人類は自我欲望を中心とした生き方をするようになり、他との対立が生じました。物の奪い合いが始まったのです。

それ以来、物や金を奪い合う、勝利を奪い合う、名誉、権力、支配権を奪い合うという人類のカルマの歴史が今日までずっと続いているのです。

この自己中心、物中心という片寄った心、一方のみにゆがんだ想いが業想念なのです。このアンバランスな心が戦争、対立、争奪というアンバランスな生き方を生じさせました。そして、人類社会をアンバランスなものにしてしまいました。また、このアンバランスな心が人類を地球資源の乱獲乱開発へと駆り立てて、地球をもアンバランスなものにしてしまったのです。

何ごとによらず、一方のみに片寄ったものの見方や考え方はアンバランスな想念、誤った想念、つまり業想念であるわけです。

業想念の中で、人類最初の業想念が肉体人間観でありました。肉体人間観こそは肉体中心、物質中心のものの見方や生き方の始まりであるといえましょう。

人間は本来神でありますから、人間のいのちはじつは宇宙いっぱいに広がっているいのちなのです。そのような宇宙大の自分であるにもかかわらず、「自分は肉体である」と極端に自己限定してしまったのが肉体人間観です。人類がこの肉体人間観という極端に片寄った業想念を持つようになったため、そこからあらゆる業想念が派生的に生じてしまったのでした。

同様に、心や生命や神の存在を無視して、物質のみが存在すると考える唯物論も、極端に片寄った業想念の思想以外の何ものでもありません。

唯物論のみならず、宗教の世界にあっても、自分の信じる宗教だけがすべて正しいと思うあまりに、他宗教を邪教として排斥することがあります。この排他心も業想念以外の何ものでもありません。それは、すべての人を愛せよという宗教精神に最も反するものであるのです。すべての人を愛するという宗教精神を実行するために宗教に入って、他者を排斥していたのでは、もうお話にならないわけです。

このような宗教にまつわる業想念行為を、宗教カルマといいます。宗教戦争などは、まさに宗教カルマの最たるものといえましょう。このような誤ちを犯さないために、宗教者は宗教と宗教カルマを混同してはなりません。つまり、宗教と宗教カルマは全く別のものであるということをはっきりと認識することが必要なのです。よく宗教嫌いの人がいますが、それは宗教そのものが嫌いというよりも、宗教にまぎれ込んでいる種々の宗教カルマに強い反発を覚えているのではないでしょうか。宗教をよそおった金もうけや詐欺行為などは論外としても、神の名を借りた独断や偏見、強要、脅迫、中傷、暴力、殺生行為などは、宗教カルマがいかに醜《みにく》く恐ろしいものであるかを教えてくれます。宗教にまつわるカルマの想いが高じれば殺生ざたにまでなるのですから、宗教者は宗教カルマの落とし穴に落ちないよう充分に気をつけねばなりません。

宗教に限らず、業想念が高じればさまざまな精神の異常をひき起こし、さまざまな異常行動や異常事態をひき起こすのです。

この他に、資本主義もまた業想念にもとづく人間社会の仕組みであることがわかります。物金至上主義、競争原理、大量生産、大量消費、大量廃棄といった不調和想念の原理に根ざした経済活動だからです。

業想念は不調和と破滅のエネルギー

さて、諸々の業想念はすべて不調和な想念であります。そして、この不調和な業想念は、ものごとに不調和をもたらすエネルギーを持っております。

業想念は強くなるにつれて、それはものごとを不調和にさせるだけではなく、さらにはものごとを破損、破壊、崩壊させます。このように、業想念は破壊、破滅のエネルギーでもあるのです。

ここから、「不調和な業想念は、不調和なものを生み出し、やがてはものごとを崩壊させてしまう」という業の法則を導き出すことができます。業の法則は不調和の法則であり、さらにはまた破壊破滅の法則でもあるのです。

人が業想念を発すると、その悪想念は、まず自分をはじめとして自分が愛する廻りの家族や友人知人果ては人類や地球世界にまでおよんで、明らかにそれらに悪い影響をおよぼしていきます。自分が次々と出し続ける不調和想念は、自分のみならず愛する家族や多くの人々をも痛め続けていくのです。

なぜそうなるのかといえば、業想念を発すると、業想念が持つ不調和エネルギー波動が放射されて、人やものに不調和な悪い影響を与えていくからです。業想念と同様に、業想念の言葉や、業想念の言葉を書いた文字もまた不調和なマイナスの波動を放射しています。ですから、業想念の言葉や文字も同様に人やものにマイナスの影響をおよぼしていくのです。

これとは逆に、良い想念、良い言葉、良い言葉の文字はプラスの良い波動を放射していて、人やものにプラスの影響を与えていきます。想念そのものがエネルギーを持っているので、想念を表す言葉も文字も想念と一つにつながっていて、想念と同様のエネルギー波動を放射しているのです。

このことを目にもの見せてくれる写真があります。江本勝氏の研究による水の結晶の写真です。江本氏の著書『水は答えを知っている』（サンマーク出版）によれば、水は凍る時にきれいな結晶をつくります。ところが、水に「ばかやろう」という言葉をかけたり、見せたりして凍らせると、結晶がばらばらに砕け散ってしまうのだそうです。反対に、「ありがとう」という言葉をかけたり、見せたりして凍らせると、美しい結晶ができ上がるとのことです。

こうしていろいろな言葉の文字を見せて凍らせた結晶の写真を見ると、いかに言葉や文字が持つエネルギーがすごいものであるかということがよくわかります。良い言葉、美しい言葉を見せるだけで氷は調和のとれた結晶をつくるのに対し、悪い言葉、きたない言葉を見せるだけで氷の結晶はくずれたものになってしまうからです。言葉や文字は明らかにすごい働きをしているのです。

このように、悪い言葉、悪い言葉の文字、悪い想念が持っている業想念エネルギーは、ものごとを破壊させるエネルギーを持っているのです。一人ひとりの業想念が集まって人類の巨大な業想念をつくり上げています。この巨大な業想念エネルギーが人々をあくなき資源獲得に走らせて種々の環境破壊をもたらしているわけです。また、このすさまじい業想念エネルギーが人々をさまざまな対立闘争、戦争へと駆り立ててあらゆる暴力、殺生行為などの破壊活動を生み出しているのです。それがまた環境汚染や環境破壊にも拍車をかけています。

その他、貧困、飢餓、犯罪、人心の荒廃、さまざまな病気、難病疫病、等々、これらもまたすべて人類の業想念行為がつくり出しているものであるのです。

業想念こそは諸悪の根源

　右に見てきたように、これまでの人類の業想念が地球上のあらゆる不調和、あらゆる悪を生み出していたのでした。まさに、業想念こそは諸悪の根源であるのです。

　しかも、さらに、業想念こそはあらゆる不幸、災難、天変地変をも、もたらしている根本原因でもあるのです。業想念は、戦争や犯罪行為をひき起こすだけではありません。それはまた異常気象をはじめとして、地震や台風、旱魃《かんばつ》、大洪水といった天変地変をもひき起こしている原因でもあるのです。

　異常気象や天変地変さえも人類の業想念行為がかかわっているのだというと、奇異に思う人もいるでしょう。しかし、わかりやすい例では、地球の温暖化があります。人類の膨大なエネルギー浪費と森林破壊が、二酸化炭素を増加させて温暖化をひき起こしているわけです。この温暖化がさらに他の気象状況にも異常な影響を与えていきます。また、森林伐採が思わぬ土石流や大洪水をひき起こしています。異常気象や天変地変も、自然災害というよりむしろ人為的災害というべきものであることがわかります。

では、火山の噴火や地震などはどうでしょうか。火山の噴火は地下のマグマの噴出ですし、地震は地下のプレートのずれやひずみのはね返りで起きるものです。ですから、それらが人間の業想念で起きるなどとはとても思えないかも知れません。

しかしながら、その地下のプレートのずれやひずみが、少なくとも人類の不調和な想念エネルギーによってもひき起こされてきたのだという可能性を、全く否定することはできないのではないでしょうか。その理由を次に見てみましょう。

現代医学では、精神的ストレスで病気になるということが知られています。怒りとか失意、いらいら、くよくよといった精神的なストレスによって、自律神経の働きがアンバランスになります。それがさまざまな機能障害をひき起こして病気になるのです。その機能障害が進行すると、器質障害をもたらすまでに到ります。つまり、怒りとかいらいらといった業想念のマイナスエネルギーは、身体に著しいひずみを与えてさまざまな機能障害をひき起こし、さらには器質障害という諸器官の病変をもひき起こしてしまうのです。

人間が一箇の生命体であるように、地球もまた一箇の生命体です。地球生命体の構成員である人類が業想念を出し続けると、そのマイナスエネルギーは地球のボディにどんどん蓄積されて地球にも強いストレスを与えていきます。それが地球のさまざまなひずみや障害をひき起こしていくのだということは充分に考えられることです。

このことは、水に「ばかやろう」といってそれを凍らせると、たったそれだけのことで美しい氷の結晶がばらばらに砕け散ってしまうのを見てもよくわかります。悪い言葉や悪い想念というものはこれほどまでにすさまじいマイナスのエネルギーを持っているのです。人類によって大量に吐き出される悪い言葉や悪い想念が地球そのものをも痛めつけないはずはありません。

人間の生命体も、地球の生命体も、同じ原理が働いているのです。今、人類全体が病んでいるように、地球もまた著しく病んでおります。人類によって痛め続けられてきた地球の悲鳴が聞こえてきそうです。天変地変のことごとくが人類のせいで起こっているのではないにしても、こうも天変地変がひん発するのは、やはりあまりにも横暴な人類の想念行為がその大きな原因になっているであろうことはまちがいありません。このことがやがて科学的に証明される日もくるでありましょう。

さて、先程述べたように、業想念はさまざまな病気をつくり出しております。すべての病気は大なり小なり精神的なストレスが原因となって生じているといっても過言ではない、という人もいるくらいです。

しかし、じつはそれだけではありません。業想念はまたいろいろなウィルスなどの病原菌をもつくり出しているのです。

薬を使用しているとだんだん薬が効かなくなってきます。これは薬に対する耐性を持った新種の菌が出てくるからです。そこで、その菌をやっつける薬が開発されます。しかし、その薬に対しても耐性菌が出てきます。このように、病原菌をやっつけるという発想のもとにつくられる薬の開発によって、ますます手ごわい病原菌がつくり出されていきます。やっつけるという不調和なやり方は不調和なものを生み出してしまう、というカルマの法則の通りなのです。やっつけるというやり方ではさらにやっつけられるというカルマの結果を生むだけなのです。

ひずみの修復作用

ところで、生命体に受けたひずみはもとにもどしてやらねばなりません。そこで、生命体にたまったひずみのエネルギーを放出してもとの正常な状態に回復させるために、人間などの生命体では病気が生じ、地球という生命体では種々の天変地変が起きるのです。ですから、病気や天変地変は、人間や地球という生命体に不調和エネルギーがたまってひずみが生じたことを知らせる警告なのです。と同時に、それはひずみを修復させようとする浄化作用でもあるのです。

例えば、発熱は、体内の異常を知らせると同時に、体内にたまった毒素を溶かして尿や汗と共に体外に排出します。この浄化作用によって、熱がさがったあとはじつにさわやかな気分になるのです。同様に、台風が過ぎ去ったあとの空気がじつにさわやかなのも、雨風が空気の汚れを洗い流し、吹き飛ばしてくれたからに他なりません。

このように、病気も天変地変も、人間や地球のひずみを矯正するための修復作用であるのです。人間や動植物、地球という生命体にはこのような修復能力が備わっているのです。

これまでのことから、業想念こそは諸悪の根源であり、あらゆる災いの元凶であるということがよくおわかりいただけたかと思います。業想念こそはじつにあらゆる苦悩、あらゆる不幸の根本原因なのであります。

このような業想念が二元対立の相対的世界を生み出してしまいました。

二元対立の世界

二元対立の世界とは、次のような正反対のものが相い対立して存在している世界のことです。

善悪、正不正、真偽、愛憎、美醜、清濁、信不信、是非、損得、貧富、繁栄滅亡、隆盛衰退、進歩退歩、進化退化、有能無能、可能不可能、強弱、勝負、敵味方、統合分裂、成功失敗、運不運、自由不自由、平等不平等、大小、長短、明暗、生死、等々。

これらの二元対立する世界が私達の住んでいる世界です。この二元対立の世界は、他ならぬ私達人類の業想念がつくり上げているものなのです。人類はこのような善悪混交、玉石《ぎょくせき》混交、二元対立の業想念でさまざまな分裂分離分断、対立闘争関係を生じさせたのです。

エゴの愛

人間の片寄った心、心のゆがみによって、人間の本心もゆがんだ形で現れるようになってしまいました。愛も自己中心の愛になり、その他、自己中心の正義、自己中心の喜び、自己中心の幸せというように、人間の心は自己に片寄ったレベルの低いものになってしまいました。

自己中心の愛は、自己満足のための愛でしかありません。人を愛するのも、それによって相手の人から自分が愛されたいためなのです。それは自分も愛するからあなたも愛して欲しい、という交換条件の愛でしかありません。

ですから、愛しても尽くしてもそれが報われないと、今度は愛の気持が憎しみに変わったりします。しかも、かわいさあまって憎さが百倍などというように、愛は消え失せて、愛とは反対の憎しみだけが大きくなってしまうのです。ほんとうは、かわいさがあまれば愛はあふれるばかりになるはずです。それが逆に憎しみが百倍にもなってしまうというのですから、いかにその愛が本物の愛でないかがわかります。

このように、エゴの愛は、憎しみや恨みと背中合わせの業想念の愛にしかすぎません。エゴの愛は、所詮はうたかたの愛でしかないのです。

エゴの心が生むもの

人をやっつけて喜ぶ心、それは業想念の喜びです。人との競争に勝って喜ぶ心、それもエゴの喜びにすぎません。競争に勝ちたい、人を落としめてまで自分が優位に立ちたいというのも、すべて業想念が自己満足したいための欲望に他なりません。人類は、この業想念の自己満足のために、時にはいのちをかけてあらゆる闘争をくり返してきたのです。何とも愚かなるは業想念です。

業想念という低いレベルの想念によって、闘争に明け暮れるような低いレベルの世界がつくり上げられてしまっております。そのような業想念にいつまでもふり廻されている人間こそまことに哀れというしかありません。

自分がやっつけられて悲しむ心、自分が負けたといって落ち込む心、それも業想念です。

人の幸せをうらやみ、人の不幸を喜ぶ心、人の成功がねたましく、人の失敗が嬉しい心、それらもみんな業想念です。ほんとうなら、人が幸せそうにしているとそのふんいきがこちらにも伝わってきて、思わずこちらも幸せな気分になるはずです。なのに、逆に人の幸せが腹立たしくなって、その人の不幸を願ったりします。人の不幸な様子を見ると、ほんとうならこちらも思わず心が痛むはずです。なのに、他人の不幸は蜜の味などといって、逆に人の不幸が嬉しく、人の不幸で自分が優越感を味わったりします。

このように、エゴの心、業想念というものは、まことに人間の心をゆがんだものにしてしまっております。

しかし、それだけではありません。このように人の不幸を喜ぶ心、人の不幸を願う心は、じつは自分にも不幸を引き寄せてしまう心でもあるのです。なぜそうなるかというと、それは心の法則、想念の法則によってそうなるのです。

心の法則とは、自分の思った通りのことが自分に起きる、という法則です。人はこの心の法則によって、自分が思い描き、心の中でいだき続けていた通りのことを現実に引き起こしていきます。

人の不幸を喜んだり、願ったりしていると、不幸というものを自分の心の中にいだき続けていくことになります。すると、やがて心の中でずっと思っている不幸がそのまま自分にも引き寄せられてくるのです。人を呪わば穴二つ、とはこのことなのです。人を呪えば、その想いは自分にも返ってきて自分もまた呪われる運命となるのです。

不幸を恐れる心でもまた同じことが起こります。例えば、人の病気を見て、自分も病気になりはしないか、という不安恐怖をいだき続けていくとします。すると、自分が持ち続けている「病気になるのでは」という強い想念エネルギーが病気を引きつけて、自分もほんとうに病気になってしまうのです。あるいはまた、「不幸になるのでは」と不幸を恐れていると、自然に気持も暗くなって、みずからも無意識のうちに不幸になるような行動をとってしまったりするのです。

つまりは、業の想いで喜んでも、業の想いで心配しても、業の想いは業を引きつけ業を引き起こしてしまうのです。これも業の法則、カルマの因果律です。

業生《ごうしょう》の世界にあっては、善といい悪というも、所詮は相対的な善であり悪であるにすぎません。同じことが人により国により時代によって善にもなったり悪にもなったりするからです。正と不正もそうです。戦争などでは、自国が正義で相手国が不正義になります。真と偽もまた同様です。昔は天動説が真理でしたが、今は地動説が真理となっています。私達が住んでいる相対世界にあっては、立場の違いでものごとの基準が変わってしまいます。このようなうつろいやすさが相対世界の特徴でもあります。うつろいやすい相対世界は、変化変滅する不安定な世界です。幸福だと思っていると、ある日突然不幸におそわれたりします。このような相対世界では、永遠の幸せとか永遠の繁栄などというものは望むべくもありません。このうつろいやすさ、不安定性というものも、人類の業想念がつくり出しているものに他ならないのです。まさに業想念を持っている間は、真の幸福などというものは望むべくもないことなのです。業想念こそは不幸の種に他ならないものだからです。

業の連鎖を断つには

業想念は人々の潜在意識の中に蓄積されております。それが折にふれ縁にふれては顕在意識にひき出されてきて、怒りや恨みを伴うさまざまなトラブルとなって現れます。

潜在意識には人類共通の意識、人類が共有する業想念の領域があります。これが巨大な業想念エネルギーとなって、世界中で渦巻いております。この業想念のマグマがことあるごとに噴き出しては、民族と民族、国と国との対立闘争へと駆り立てているのです。

人類は業想念を共有しているために、多くの人々は、怒りや憎しみを持つのは人間としてごく自然の感情であり、当たり前のことであると思っています。しかも、それはむしろ人間らしい感情であるとさえ思っている人もいます。従って、人の犯した不正に対して、怒りや憎しみを覚えるのは、むしろ正当な感情の表れであると思っております。ですから、悪を憎んで人を憎まずなどというように、悪を憎むことはむしろ正義の心であると思っている人は大変多いのではないでしょうか。

そこで、誰かに不法な仕打ちをされた場合、その不正をこらしめるために、報復を加えることは当然のおこないである、と多くの人は考えております。だから、報復を当然の権利のように声高に宣言したりしております。

しかし、悪に対する怒りや憎しみといえども、怒りや憎しみであることに変わりはありません。従って、その怒りや憎しみ自体がもうすでに業想念なのですから、そんな業想念が正義の心であるわけがないのです。ここに業想念を正義の心と見誤ってしまう落とし穴があります。それ故に、実際に怒りや憎しみや報復で対応しても、相手の行為をやめさせることはできないのです。それどころか、相手の怒りや憎しみや報復を招くだけでしかありません。報復はそれに対してまた報復がおこなわれるといういたちごっこになるだけです。つまり、業に対して業で対応しても、業の連鎖、カルマの悪循環を招くだけなのです。

報復が連綿と続くのは、報復のたびにお互いの怒りや怨念《おんねん》や不信感がますます強くなるためです。そして、さらに、お互いが自分の報復行為を正当化し肯定しているために、それがやめられないでいるのです。仮にやめたいと思っても、弱腰と非難されるのを恐れてやめられないでいるのです。

このように、怒りや憎しみや報復といった業想念行為を人間の正当な行為として肯定している間は、人類の業想念行為は決してなくなることはありません。人類の業想念行為がなくならない限り、この地球上から戦争や犯罪、不幸災難はなくなることはありません。業想念行為を正当化し肯定している限り、人類はさらに業を増大させていくだけだからです。そして、世界をいっそう混迷の中に落とし入れて、ついには滅亡するしかなくなるのです。これは業の法則から見ても明らかなことです。

人類滅亡という誤ちを決して起こさせないためには、これまでに連綿と続いてきた業の連鎖、業の悪循環を速やかに断ち切らなければなりません。そのために、私達は、業想念は今後の人類にとっては全く不要なものである、とこれを完全否定しなければならないのです。

これまでの人類の業想念行為には、物質文明を繁栄させたというプラスの面もありました。しかし、今やそのプラス面よりもマイナス面の方が圧倒的に多くなってしまいました。もうこれ以上の業想念行為は人類にとって不必要なばかりか、極めて危険なものでしかなくなっているのです。私達人類は、私達の心の中から、この業想念というやっかいな危険物を徹底的に取り去り、捨て去り、消し去ってしまわなければならなくなったのです。でなければ、業の生き方しかできない自己中心的な人間は、やがて大自然の浄化作用によって一掃され、滅亡させられてしまうからです。

ですから、私達人類は業生人間の生き方を断ち切って、いよいよ神性人間として生きるという大転換をしなければならなくなったのです。それしか人類が滅亡の危機から救われる方法はないからです。そして、それのみが人類が生き残り蘇ることのできる唯一の方法だからです。

私達人類が神性人間へと進化向上することは、神の願いであると同時に、それは私達人類にとっても究極の願いであるのです。人類は神性人間に生まれ変わることによって、みずからの手でみずからを救い出すことができるのであります。

本心について

本心の多様な働き

神性人間として生きるということは、人間に備わっている神の心、本心を顕して生きていくということに他なりません。

それでは、この人間の本心には、一体どのようなものがあるのでしょうか。私達はどのような心を顕していけば、神性人間の生き方をすることができるのでしょうか。

これから、そのことを見ていきたいと思います。

本心の働きとしては、次のような心をあげることができます。愛、調和、平和、歓喜、感謝、幸福、赦《ゆる》し、寛容、英知、理性、真、善、美、自由、創造、ユーモア、希望、進化向上心、新鮮、さわやか、清らか、等々。

本心もまたこのような多様な心の働きを持っております。この本心の中には、業想念は少しも混入していません。本心とは、業想念のみじんもない心のことをいうのです。愛なら愛のみがある心、憎しみの想いなどのかけらもない、純粋に愛のみが働く心です。同様に調和のみの心、平和のみの心、喜びのみの心、幸せのみの心、善のみの心、それが人間の本心であり、神の心であるのです。

このように、本心の中、神の心の中には、怒りの想いなどはみじんもありません。だから、神は決して怒ったりはしないのです。

また、神は罰をあてることも致しません。神の心の中には、処罰の想いなどはみじんもないからです。

神と同様に、本心を顕せるようになった神人もまた人を責めるようなことはしなくなります。人を憎むようなこともしなくなります。それは努力して憎しみの心を出さないようにしているのではありません。神と同様に、神人の心の中には憎しみの想いがなくなってしまうために、憎しみが起こらないのです。

業想念の世界が変化変滅し、やがて滅亡するしかない有限の相対世界であるのに対して、本心の世界は、永遠に繁栄してやまない無限なる大調和の世界です。

人類が本心を顕すことができた時、人類はこの地球上に本心の世界、神の国と同様の世界、地上天国を創り出すことができます。そして、永遠の平和と無限なる幸せを手にすることができるのです。

なぜそうなるのかといえば、それは宇宙を支配している心の法則によってそうなるのです。本心を顕せば本心のままの客観世界がそこに顕現する、というのが心の法則、宇宙の法則だからです。本心の世界である神霊の世界は、まさにそういう世界なのです。

従って、この地球上でも、本心を発信して本心を顕していけば、私達はこの地球上に、神霊の世界と同じようなこの世の天国を創り出していくことができるのです。

では、その本心というものについて、次に一つ一つ見ていくことにしましょう。

愛の心

人間の本心の働きとしてまずあげなければならないのが愛の心です。愛の心とは、思いやりの心です。慈《いつく》しみの心、いたわりの心、人にやさしくする心です。このように温かく働きかける心、これが愛の心です。人に対してだけではありません。生き物に対しても、物に対しても、それを大事にする心、これが愛の心です。

神の愛は与えるのみの愛、無条件の愛、無償の愛だといいます。私は神との一体感が得られるようになって、はじめてこの神の愛の心というものがわかるようになりました。それはひたすら愛を注いでやまない心であったのです。なるほど、無償の愛とはよくいったものだと思いました。神の愛の心の中には、見返りを期待するような想いなどはまるでみじんもなかったからです。それはもうひたすらに純粋に愛のみの心であったのです。

愛の心とは、赦《ゆる》しの心でもあります。赦しは、寛容の心です。受容する心、大きく受け入れ、包容する心です。それは温かく見守る心でもあります。

大宇宙はどんな人をもそっくりそのまま受け入れて生かしております。あらゆる生き物、あらゆるものをありのままに包容しております。この大宇宙の無限なる包容ということに神の大愛の心の働きを見ることができます。それはまた人間の本心の大愛の心でもあるのです。

以上に見たように、愛には二通りに働く側面があるといえましょう。一つは、生きとし生けるもの、ありてあらゆるものに愛を注いですべてを生かしてやまないという愛です。もう一つは、生きとし生けるもの、ありてあらゆるものを大きく包み込んですべてを存在せしめている愛です。このような愛によってすべては生かされ、すべては癒されているのです。

ある人が一本の切り花を床の上におき、もう一本の花を離れた場所において実験をしました。一本の花だけに向かって「あなたが好きです」という愛念を送り続け、もう一本の花の方は無視したまま放っておいたのです。すると、無視された花はすぐ枯れてしまったのに、愛念を送り続けられた花は何日も生き生きと咲き続けたそうです。

このことからもわかるように、愛はすべてを癒すのです。愛はいのちを生かす生命エネルギーであるのです。

さて、温かく働きかける愛に対して、峻厳《しゅんげん》なる愛というものがあります。愛とは決していたずらに人を甘やかすためだけにあるものではありません。場合によっては、甘え心をなくすために、人にきびしく接するということが必要なこともあります。あるいはまた、人や自分をきびしく鍛えるということが必要な時もあります。これらのきびしい愛も、やはり人を活かすためにこそある愛の働きというものであるのです。

調和の心

次に、本心の働きとしてあげられるものに調和の心があります。

調和の心とは、平和な心のことです。平和な心は、仲良しの心であるともいえます。周囲の人達や周囲のものと仲良く生きていくことができる心です。

調和とは、心と心が一つになること、いのちといのちが一つになることです。

調和には、自分との調和と、他との調和があります。

自分との調和とは、自分の想念が自分の本心と一つになることです。自分の想念が本心とかけ離れたままでいたのでは、人は調和した生き方をすることはできません。自分の想念が本心と全く一つになることによって、はじめて人は調和した生き方ができるようになります。本心は調和の心、調和して生きていかれる心だからです。

他との調和とは、家族との調和、社会との調和、人類との調和、大自然との調和、宇宙との調和です。人と人の心が一体となり、人と大自然のいのちが一体となることによって、人類は大自然の中で調和した生き方をすることができるようになります。

自分との調和は、自分の本心本体である神との一体感によって得ることができます。他との調和は、家族との一体感、社会の人々との一体感、人類との一体感、大自然や宇宙との一体感によって得ることができるようになります。調和の心とは、他との一体感の心のことでもあります。神との一体感、宇宙との一体感によって得られる大調和の心は、また完全円満の心でもあります。

これらの一体感は、祈りによって得ることができます。その祈りについては、のちほど第七章で述べることにします。

宇宙には、宇宙の中のすべてのものを調和させようとして働いている大いなる宇宙意志が存在しています。この宇宙意志によって宇宙の調和は保たれているのです。神の調和の心はこの宇宙意志として働き、人間の調和の心としても働いているのです。

人類がみずからに内在する調和の心を発揮して生きていくようになれば、完全調和の地上天国はたちまち実現するのです。

喜びの心

次に本心の働きとして、無限なる喜びの心、無限なる歓喜の心をあげることができます。

人間の本心というものは、どうやら、いのちが生き生きと働くことに喜びを感じる心であるようです。ですから、本心にとっては、生き生きと生きていることそのことがもうすでに嬉しく楽しいことであるのです。

従って、本心が開発されてくると、あらゆる生活の営みの中に生きていることの喜び、楽しさを感じることができるようになります。平凡な日常生活の中にも喜びを持つことができるのです。

さらにまた、人間には自己実現していく喜び、何かを創造していくといった、ある目的に向かって進んでいく喜びというものがあります。こうしたわくわくする喜びによって、いのちは生き生きと活動することができます。喜びの心は、いのちが生き生きわくわくと働くことができる活力であり、エネルギーそのものでもあるのです。

特に、究極の自己実現である神性顕現の生き方は、生きていくこと自体、生きることと自体がすでに喜びそのものとなっております。私は神我一体が得られるようになってからというものは、これといった理由もなく、いつも何かしら嬉しいような気持でいられるようになりました。何が嬉しいというのではなく、常時心の中でただもう嬉しい気持が続いているのです。これは生きることのさまざまな喜びが混然一体となって感じられるものなのでありましょう。

私は若い頃、神我一体の悟りの境地とは泣きもしない笑いもしない心の状態なのかなと思っていました。しかし、それは大変まちがっていました。悟りとは、大いなる歓喜の境地でもあったのです。生きる喜びがわかる心、それが悟りの心なんですね。

本心は、また愛することにも歓喜を覚えます。本心は愛する喜びがわかる心です。

かつての私は、人を愛することなどとてもできない人間でありました。しかし、安心立命を得たいと思い、何年となく祈りを続けているうちに、私は祈りによって多くの人々に、生きとし生けるものに愛の心を注いでいる自分に気づくようになってきました。そしてついに、愛することはわが喜びそのものであるということを実感し得るに到ったのです。その時、私はこれが神の愛の心なのだということを知ったのでした。

このことによって、私は神の愛はなぜ無償の愛であるかもわかりました。それは、神の愛というものは無限なるものであるからです。だから、どんなに愛を与えても神の愛はつきることがありません。従って、無限なる神は、何の見返りを求める必要もなく、無限に愛し続けることができるのです。しかも、愛を与えれば与えるほど、そこには愛することの喜びがあります。愛さずにはいられない神がすべてを愛してやまないのは、強いていえば、愛することは喜びだからなのではないでしょうか。だから、どうしても愛してしまうのではないでしょうか。

同じように、神の子である人間もまた無償の愛を与えていくことができ、愛することに無上の喜びを感じることができます。

このように、生きることは喜びであり、愛することは無上の喜びであるというのが人間の真実の心なのです。生きるということはすなわち何かを愛することでもあるということがいえます。ですから、自分を愛し人を愛し、大自然や生きとし生けるものを愛することがそのまま生きることの無上の喜びにもなっているのです。

ところで、幼い子供達を見ていると、私達は、思わずかわいいと思ってしまいます。そのかわいさがまた嬉しくなってしまいます。本心はあどけないもの、純真なものに喜びを感じてしまう心です。

動物の子供達がかわいいのも、特に子供達は無邪気だからです。その無邪気さ、あどけなさがかわいくて嬉しくなってしまうのです。無邪気も本心の顕れです。

このように本心が顕れているものに、本心のひびきに、本心は喜びを感じてしまいます。本心は本心と触れ、本心と交流するのが嬉しいのです。

本心が開発されてくると、人の幸せが嬉しくて仕方がなくなります。人の幸せそうな姿を見ると、心からほほえましくなって、自分も幸せな気持でいっぱいになってしまいます。本心は喜びや幸せを共有する心なのです。人の幸せで自分もまた幸せいっぱいになってしまうのですから、こんないいことはありません。こんなすばらしいことはありません。

数々の喜びの中で、もう一つ何といっても嬉しいことがあります。それは人が真理に目覚めてくれるということです。

例えば、この世に神も仏もあるものかといって暗い気持になっていた人が、神の存在が信じられるようになって、気持も明るくなってきた、という話を聞くと、もう嬉しくてたまらなくなってしまいます。あゝ、やっぱり人間は本心を持っていて、その本心に目覚めていくことができるのだ、とこの上ない感動を覚えるのです。あるいはまた、神様の話などには全く関心を示さなかったような人が、神様の本を読むようになり、本心開発に励むようになった、などということを聞くと、もう嬉しさのあまり涙があふれてくることさえあります。

人が本心に目覚めていく時、その人の守護霊守護神は大変お喜びになるそうです。ですから、その守護霊守護神の大きな喜びが伝わってきて、わけもなく本人の深い感動の涙となってあふれてくることがあります。私も何度もそれを経験しました。

本心の世界はまことに歓喜と感動に満ちあふれた世界です。人間はこのようなすばらしい心を持っていたのです。せっかく内に持っているすばらしい心を存分に顕して、心豊かに、心輝かに生きていきたいものです。

感謝の心

さらに、人間の豊かな本心の働きの一つとして、感謝の心をあげることができます。自分を生かしてくれるもの、自分を支えてくれるものに対して自然に湧いてくるのが感謝の心です。

ですから、生かされているという気づきがあってはじめてそこに感謝の心も湧いてきます。生かされていることを洞察する心、あるいは生かされていることを直観する心、それが生かされていることへの気づきの心です。

この洞察する心も、直観する心も、本心の働きです。感謝という極めて情緒的な心の働きも、生かされていることが理解できる理性の働きがあってはじめて充分に顕すことができるものであることがわかります。

自分を生かしてくれるものに対して感謝をするということは、生かしてくれるものに感謝の心を注いでいくということであります。このように感謝の心を注ぐことによって、自分と生かしてくれるものとの間に心の交流、いのちの交流がおこなわれることになります。この心といのちの交流によって、双方の心といのちは一つに融け合い、一体のものとなります。そして、ここに一体感が生まれるのです。

実際に私は、大自然への感謝の祈りによって、大自然との一体感を得ることができるようになりました。また、神への感謝をくり返し続けていくうちに、いつの間にか神との一体感が得られるようにもなりました。さらにまた、宇宙大生命に対する感謝の祈りによって、宇宙大生命との一体感を実感するようになりました。

肉体の諸器官に、「肉体さん、いつもよく働いてくれてありがとう」と感謝をすると、肉体の諸器官はますますよく働いてくれるようになります。それは、肉体には本来健康を保つように順調に働く性質が備わっているので、それを認めて感謝してあげると、その性質をいかんなく発揮させることができるからです。

では、なぜ感謝をするとその順調な働きをいかんなく発揮させることができるのでしょうか。

その理由の一つは、諸器官も心を持っているので、自分の働きが認められ、感謝されると、嬉しくなってますますよく働いてくれるようになるからです。

そして、もう一つの理由は、感謝は光であるということです。感謝という光明《こうみょう》の心は、いのちの正常な働き、健康な働きを活発にさせる生命エネルギーであるのです。ですから、感謝の心という生命エネルギーを受けると、諸器官はますます働きやすくなるのです。

かつて、私はひどい便秘に悩まされていました。そこで、私は、おなかに手を当てて指圧をしながら、快便をイメージして、「胃さん、腸さんありがとうございます」という感謝をひたすら続けておりました。すると、あれほど頑固だった便秘が治ってしまったのでした。薬の使用や食事療法なども一切しておりません。これは、指圧やイメージの効果もさることながら、感謝による癒しのエネルギーの働きに負うところも大きい、と私は思っております。

感謝をすればするほど、ますますありがたいことが現れてくるようになります。

英知・理性

その他、本心の働きには、英知と呼ばれるすぐれた智慧の働き、理性の働きがあります。理性はものごとを合理的に論理的に把握する心です。あるいはまた、ものごとの成り立ちや仕組みがわかる洞察力、理解力です。

この英知や理性があるからこそ、法則にのっとった生き方をすることができます。あるいは、法則にのっとったすばらしいものを創造していくことができます。

さらに、この英知や理性の深い洞察力の裏づけによって、感謝や喜びのような情緒豊かな心もまた充分に顕すことができるのです。

善の心

本心には、また善なる心というものがあります。これは悪の心などみじんもない、善のみに働く心、善そのものの心です。

かつて性善説、性悪説というのがありました。「人間の性は善である」というのが性善説、「人間の性は悪である」というのが性悪説です。これは一体どちらが正しいのでしょうか。

人間の性は善か悪かという問いに対する人々の答えとしては、人間は善も悪も持っているという善悪混合説が多いのではないかと思います。乱れた世の中を見ている限り、人間の性が善であるなどとはとてもいいがたいものがあります。かといって、悪ばかりでもありません。善行をする人はけっこう多いのだし、人間は誰だって多かれ少なかれ良心というものを持っています。だから、ふつうは、善と悪の両方を持っているのが人間である、と考えるのもうなずけます。なかには、善悪両面を持ったところに人間らしさもあり、それが人間の本質でもあるかのように思っている人もいるのではないでしょうか。

その他に、人間は罪悪甚重の凡夫であり、原罪を負った罪深き者であるという強い罪悪感にとらわれている人達もいるようです。一種の性悪説とでもいうべき人間観です。

しかし、人間の心の根本にあるのは神性であり、人間の本質は神であると考える私達は、性善説を取ります。

この性善説を取るか、性悪説ないしは善悪混合説を取るかによって、私達の運命は天と地との差に分かれてしまいます。性善説を信じるか、性悪説を信じるかによって、今や人類は救われるか、滅亡への道をたどるかの重大な岐路に立たされているのです。そういう意味でこの性善説性悪説は、古くて今なお新しい問題、いや今最も新しくして最も重要な問題であるということがいえます。

性善説は、「人間の本質は善である」と説きます。人間の本質の中に一切の悪を見ないのが性善説です。性善説は、「善のみに働く心が人間の本心である」といいます。

では、善のみに働く心、それを真実の善なる心と呼ぶならば、その善なる心とは一体どういう心のことなのでしょうか。

それは、生きとし生けるもののいのちや性質を生かしていく心の働きのことです。さらに、ありてあらゆるもののいのちや性質を活かす心の働きのことです。物質、物体にもいのちや性質や心があります。そのありてあらゆるものの性質を尊重し、それを活かしきろうとするのが善なる心なのです。

それに反して、悪の心とは、いのちを損《そこ》なおうとする心です。例えば、人の心やいのちを踏みにじり、損ねてしまうような心です。また、物に対しても、資源を乱獲して大量に浪費するというように、物のいのちをむだ使いして損ねてしまう心です。

人や生き物や物のいのちを活かそうとする善なる心を発揮することによって、はじめて人類は真に善なる世界を創り出すことができます。なぜなら、善なる世界とは、あらゆるいのちが生き生きと生かされて喜びに満ちている調和の世界であるからです。

善なる心は、倫理的な規制や要求によって、強要されるようなものではありません。善なる心は、本心が開発されることによって自然に発露される心なのです。自然に発露される愛の心、自然に発露される調和の心、自然に発露される感謝の心、自然に発露されるいのちの喜び、それらがじつは善なる心というものなのです。

このことから、次のような善の普遍的な基準というものがおのずから浮かびあがってきます。

〈善の普遍的な基準〉

地球生命体を含む生きとし生けるもの・すべてのものが充分に生かされること、またはすべてのものにとって良いことが善である。

従って、一部のものだけに良いことは善ではない。

また、多数のものにとって良いことでも、他の一部のものにとって悪いことであれば、それもまた善ではない。

この善の基準によって、人類全体にとって良いことはすべて良いことであるといえますが、万一それが、他の生き物や地球生命体にとって悪いことであれば、それは人類にとっても悪いことになります。このことに人類は長い間気づかないでおりました。

美の心

美を感じる心、美を好み美を愛する心、これらの美の心もまた人間に備わっている本質的な心です。

いのちにはいのちが持つ美しさがあります。それが美です。美はいのちの本質です。だから、美はいのちを離れては存在しません。そのいのちの美しさを感じる心が美の心です。

いのちのさまざまな働きの中に、いのちのさまざまな現れの中に、それぞれに備わった美があります。いのちのあらゆる側面に、いのちの本質である美を見いだすことができます。

そのいのちが森羅万象となって現れている宇宙はまさに美の宝庫といえます。いのちの持つ美しさが森羅万象の美しさとなって現れているからです。美はまさに宇宙の本質、宇宙はまさに美の塊《かたまり》です。

美を愛する心は、宇宙の一部が他の一部と融け合って一体となろうとする心である、ともいえます。美を愛してやまない心は、自他一体になろう、大自然と一体化しよう、果ては宇宙と一体になろう、神我一体を得ようとする心でもあるのです。いのちがいのちと融け合おうとする心、それが美を愛する心なのだと思います。

感受性が高い女性は、特に美を求める気持も強いということがいえるかも知れません。それが美しくなりたいという強い願望ともなるのでしょう。もちろんそこには男性に愛されたい、だから美しくなりたいという気持もまた強く働いているでしょう。

しかし、女性も男性も外見的な美にこだわるあまり、固定観念で一定の形だけを美と思い込んでしまっている傾向があるのではないでしょうか。

一定の形だけを美しいと決めつけてしまったのでは、人それぞれの良さや愛らしさというものを見落としてしまいます。例えば、高い鼻だけが美しく、ぱっちりした目だけが美しいのではありません。低い鼻にも何ともいえぬ愛らしさや美しさがあります。細い目にも一種の聡明さや頼もしさを感じさせる魅力があります。

いのちがさまざまな姿形となって現れているところには、もうそれぞれにそれなりのいのちの持つ良さや美しさを見いだすことができるのです。個々のいのちが持つありのままの良さ、美しさというものを見落としてしまっては、せっかくの宝の持ちぐされになってしまいます。

また、表面的な美の他に、内面的な美の大切さを忘れてはなりません。

内面の美とは、明るい心、邪気のないさわやかな心、思いやりの心などのような心が持つ美しさのことです。この内面の美しさが自然に表面にも現れるところに、人間の真の美しさがあるといえましょう。

内面の美しさ、心の美しさを得るためには心の中の汚れを取らなければなりません。

心の中の汚れとは、諸々の業想念のことに他なりません。恨み、ねたみ、しっと、いじめ、いやがらせ、怒り、憎しみ、いらいら、等々、汚れた想いを取り去っていくことこそが肝要なのです。そして、本心を輝かせていくことです。この本心を輝かせることこそ人間のいのちの美しさをほんとうに輝かせることになるのです。

自由自在心

人間の本心の働きとして重要なものに、自由自在心があります。

人間は誰もが自由への強いあこがれを持っています。自由に生きたいと誰もが望んでおります。

人間はなぜ自由を願うのでしょうか。それは、何の束縛もなくのびのびと生きることがいのちを最高に生かすことになるからです。それによっていのちの良さも充分に発揮することができます。そして、そこにいのちの喜びも湧いてくるのです。

ですから、いのちは束縛されることをいやがります。束縛はいのちの働きを妨げ、損ねてしまうからです。人々が自由を強く欲しているということは、それだけ自由を束縛するものが多いということでもあります。

人間の自由を束縛するものとして、外面的な束縛と内面的な束縛とをあげることができます。

外面的な束縛としては、他人からの干渉、押しつけ、強制などがあります。世間体《せけんてい》などというものもこの中に入るでしょう。世間体が悪いからということを理由に行動が規制されるのです。何かといえば世間体を気にして、その得体の知れないものによって、心も行動もがんじがらめに縛られてしまっていることがあります。

次に、内面的な束縛としては、「ああしてはならない」「こうしなければならない」といった強制的な観念、脅迫的な観念があります。

じつは、この「ねばならない」と人を強制する観念が自分に向けられたものが内面的束縛となって、自分を縛ります。また、それが外に向けられたものが外面的束縛となって、他人を縛るのです。内面的束縛も、外面的束縛も、根は同じ「ねばならない」と決めつける考え、とらわれの想いに他なりません。このように「ねばならぬ」ととらわれている人間の業想念が人間の自由を束縛しているのです。

さらにまた、人間を内面からがんじがらめに縛りつけているものとして、諸々の業想念があります。人間はさまざまな業想念にいやおうなく駆り立てられ、ふり廻されて、さまざまな苦境をつくり出しているのです。しかもなお業想念に縛られて、その苦境から脱け出そうにも脱け出せないでおります。このように、人間のさまざまな業想念が人間の自由というものを束縛しているのです。

このことから、自由自在心とは、業想念に縛られずに、湧き出てくる想いのままに生きていくことができる心の状態をいうのであるということがわかります。

しかし、この自由自在な生き方は、ともすると、自分勝手な生き方と混同されることがあります。自由自在心と自分勝手とは根本的に大きな違いがあります。

自分勝手な生き方とは、人の迷惑など眼中にないような傍若無人《ぼうじゃくぶじん》の自己中心的な生き方にすぎないものをいいます。

それに対し、真の自由自在な生き方とは、他との調和を乱すことなく、しかも心のおもむくままに生きていくことができる生き方なのです。

他と調和して生きるということは、本心を顕して生きる、本心のままに生きるということです。この本心のおもむくままに生きるということこそ、自由自在な生き方なのです。本心のままに生きていけば、それはおのずから調和した生き方になっているのです。

ですから、自己中心的な生き方は自由自在心の生き方とは全く正反対の生き方であることがわかります。それは自己中心、自我欲望という業想念に縛られた生き方に他ならないものだからです。

このように、真の自由を縛りつけているものは業想念なのでありました。みずからの業想念による自縄《じじょう》自縛《じばく》が不自由ということの根本原因であったのです。

それでは、あらゆる束縛から解放されて、自由自在心を得るためには、一体どうすればいいのでしょうか。

そのためには、みずからを束縛している業想念を解き放って、業想念の囚縛《しゅうばく》からみずからを解放してやることが必要なのです。この業想念を解き放ち、消し去るために、私達は神我一体をめざすのです。神と一体化していくことによって、業想念は神の光明によって消されていきます。神の光明の中へ業の想いを解き放てば放つほど、業の想いは消されていくのです。

こうして神我一体になることによって業の囚縛から解き放たれると、もう業にふり廻されることもなく、のびのびと自由な心で生きていくことができるようになります。これが業の束縛から解脱した自由自在心、悟りの境地に他なりません。

実際、このような境地になると直観力が増してきます。この直観でひらめいた通りに行動するとものごとがうまく運ぶのです。仮にその行動で一時失敗したように見えることがあっても、かえってその失敗がのちの良い結果をもたらすことになります。神との一体化が密になるほどこの直観力が増してきます。

ここでいう直観とは、第一直観のことです。第一直観のままに動けばいいのです。第一直観のあとに、これとは違った第二直観が出てくることがあります。第二直観は、いろんなおもわくや情報によって第一直観が修正されて出てくるものです。しかし、この第二直観ではうまくいかないことが多いようです。直感はやはり神霊から伝わってくる第一直観が正しい直観であるのです。

神我一体化すると、神の叡智がそのまま流れてくるようになります。ですから、湧いてくる想いのままに、直観のひらめきのままに生きていけば、やることなすことがすべてうまくいくのです。これが自然法爾《じねんほうに》の生き方です。自然に法のままの生き方ができるのです。

この他にも、自分の心が神の心と一つになりきると、自分の心の中から怒りや憎しみの想いが一切なくなってしまうということが起こります。従って、以前のように、ことあるごとに腹が立って仕事が手につかなかったり、かりかりして夜通し眠れなかったりするということもなくなってしまいます。何かいやなことが起こるたびに、怒ったりいら立ったりして、ものごとにいちいちふり廻されなくてもすむようになるのです。そのたびごとに、心が怒りや憎しみといった地獄の状態に陥らなくてもすむようになるのです。そして、何があっても、いつもすっきりとした気持で生きていかれるようになります。肉体は娑婆《しゃば》世界にありながら、心は極楽浄土に住んでいられるようになるのです。これがほんとうに自由自在心でいられる解脱の境地です。

創造心・進化向上心

ものを創造する心も本心の働きの一つです。

人間が生きていること自体、それは何らかの創造活動をしていることであるともいえます。

一人暮らしの人は、その人なりの個人生活というものを創り出しています。家族のメンバーは、それぞれがその家族独自の家庭生活というものを創り上げています。また、仕事においても、製造業の人達は、文字通り物を創り出すことをしていますし、サービス業の人達も、種々のサービスを創り出して人々に提供しています。このように、生きるということは、一人ひとりがそれぞれの役割を持って創造活動をしていくということでもあります。

こうして、人々はさまざまな日常生活の中で、人間社会の営みというものを創り出しております。ただ生きているだけ、存在しているだけでも、人はすでに社会の一員として社会の営みに参加しているのです。そして、その一人ひとりの考え方や願望が集まって世論というものを創り出しています。世論は政治や社会を動かし、世界をも動かす力を持っております。一人ひとりの存在が世の中を動かし、世の中を創り上げる要因となっているのです。従って、一人ひとりの考え方や願望ほど世の中にとって重要なものはありません。

これまでの私達は、物質至上主義の考え方と自我中心の欲望でもって世の中を動かし創り上げてきました。そしてそのあげくに、著しい繁栄と共にまたさまざまな問題や不幸をも生み出してしまったのです。不幸を生み出すような創造活動は、まことの創造とはいえません。それは誤った想念行為による誤った創造活動というべきものでしかありません。

真に幸せな社会を創るためには、私達は本心に根ざした創造活動をおこなわなければならないのです。本心は宇宙の法則に合致した心です。このように宇宙の法則に合った真の創造によってこそ、人類は真の幸せを生み出すことができるのです。

真の創造とは、本心の中にあるものを客観世界（現象世界）に現していくことであるといえます。本心の中にあるものは無限なる愛であり、無限なる調和であり、無限なる喜び、無限なる幸せです。真の創造は、それを客観世界の中に具体的に現していくことなのです。例えば、完全平和の世界を実際に創り上げていくということです。

ところで、人間にはより進歩したい、よりよくなりたいという向上心があります。創造ということの中にも、よりすぐれた新しいものを創りたい、よりすばらしいユニークなものを創りたいという心が働きます。このように、創造する心とは、よりよいものを求めてそれを創り出そうとする、向上心につながった心でもあるのです。

この進化向上をめざす心も、本心の大切な働きの一つです。進化向上心があるからこそ、人間は意欲的に生き生きと生きていくことができるのです。どこまでも進化向上をめざす心は、いのちの活力源です。それはいのちを生き生きと働かせる推進力、エネルギーであるのです。

肉体人間の究極の向上心は何かというと、自分が神にまで到達するということです。神我一体を得て自分が神になることです。

従って、神にまで進化するために神性顕現をめざして生きる生き方こそ、私達の最も創造的な生き方となるものであります。私達はこのような最高に創造的な生き方をすることができるのであります。

笑いの心・ユーモア精神

神様は明るい心がお好きだということです。陽気、光明の心は神様の心だからです。笑いは、心を明るく朗らかにします。だから、心を明るくする笑いもまた本心の働きです。

「笑う門《かど》には福きたる」というように、笑いの心、明るい心は福を招き幸を呼び込みます。いや、福がくる以前に、笑いの心そのものがすでに幸福な心であるのです。だから、ますます幸福を呼び込むのです。

笑いの心は、暗い想いを明るくさせてしまう光明の心です。笑いはいやなことを笑い飛ばして暗い想いを払拭してくれます。このように、笑いには浄化作用があります。

こうした笑いを誘うユーモアもまた本心の働きです。ユーモアは人々の心をなごませ、明るくしてくれます。ユーモアは一服の心の清涼剤であり、心と心を明るく交わらせる潤滑油でもあります。

明るい心がお好きな神々様は、笑いやユーモアがまた大変お好きなようです。

ユーモアは神様の発明品です。神様の発明品である森羅万象にそれぞれ担当の神々様がいるように、ユーモアにもユーモアを司る神様がいるそうです。悟った人が冗談《じょうだん》をいっている時は、このユーモアの神様が出てきて冗談をいっているのだといいます。神我一体になると、人はここまで神様と一体化してしまうものなんですね。

神様も冗談をいうのだということを知った時、私は、神様は何て人間に似ているのだろうと思ってしまいました。しかし、ほんとうは神様が人間に似ているのではなく、神様の子供である人間の方が神様に似ているのです。私はこの話を聞いてからは、神様に対する親近感が強くなりました。

いつもにこにこしているような明るい心が神様の心です。ですから、私達人間も神様と一体になってくると、このにこにこ心の本心が顕れてきます。いろいろなことが微笑《ほほえ》ましく思えてくるのです。例えば、人の楽しそうな姿や幸せそうな様子を見ると、何とも微笑ましくなってしまいます。子供達を見ても、動物達を見ても、草花が咲いているのを見ても、思わず微笑んでしまうのです。このように、心の中がいつも笑みをたたえているようになります。

陽気な心をお持ちの守護神様などはまことにおおらかで、よく「あははは」と笑っておられるようなお方なのだといいます。私達も本心が顕現するとこのようにおおらかな心になります。

ある時、神の心と一つになり得た私は、それ以来怒りの念というものが全く起こらなくなってしまいました。人を非難する想い、人を批判して責め裁く想い、けしからん、許せないなどという想いがすっかり起こらなくなってしまったのです。そして、人の浅はかなふるまいや愚かな行為にも、呵々大笑《かかたいしょう》していられるようになりました。それでいて、その人達が何とも愛おしく思えてくるのです。

人の愚かさを呵々大笑するのは、愚かさをばかにして笑っているのではありません。人をばかにする想いは業想念の最たるものです。神との一体化が得られるようになると、人をばかにする想いはなくなってしまいます。

ですから、人の愚かさを見て呵々大笑するのは、人を嘲笑しているのではなく、人の愚かさを笑い飛ばしてあげているのです。愚かさを赦し、癒し、浄化してあげているのです。呵々大笑は、赦しの笑いです。いずれ本心に目覚めるに違いないその人が愛おしく思えてならない、大愛の笑いなのです。

さわやかな心

悟りの境地は、難解な理論や学問知識によって得られるものでは決してありません。むしろ、なまじっかな学問知識を持てば持つほどその知識にとらわれて素直に神の中へ飛び込んでいかれないということがあります。悟りの参考になるような知識なら大いにいいのですが、しかし、それでさえただ知識を持っているだけでは悟りを得たことにはなりません。知識は悟りの役に立ってこそ、その価値があるのです。

一番大切なことは、根本的なことさえわかっていれば、あまりむずかしいことは知らなくても、ひたすら神のさわやかなひびきの中に溶け込んでいき、自分もさわやかなすっきりした気持でいられるようになることです。じつはそれが悟りの境地なのです。読み書きさえも満足にできなかった妙好人達が悟りの境地に達し得たのも、ひたすら阿彌陀仏の中へ溶け込んで仏と一体になってしまったからに他なりません。

神仏と一体化すると、日頃見慣れている目の前のものが新鮮なものに見えてきます。悟りの世界、本心の世界では、いつも新鮮ないのちが流れているのです。すべてのものから絶えず新鮮ないのちの息吹《いぶき》があふれ出し、輝き出ているのです。ですから、実際の目にも、ものが輝くばかりに美しく見えてきます。

その無限なる新鮮さを感受する心が、悟りの心、本心です。新鮮な心、さわやかな心、すっきりと澄みきった心、清らかな心、聖なる心、晴々とした心、のびのびとした心、屈託のない心、無邪気な心、これらはすべて悟りの心境であり、人間の本心が発露している心の状態です。

その時その時で自由自在に、さわやかな心で、喜びの心で、愛の心で、明るく柔和な心で、無邪気に屈託なく、本心が湧き出てくるままに心豊かに生きていくのが神性を顕現した生き方なのです。

至福の心

心が喜びで満たされる時、人は幸せな気持に満たされます。

心が感謝で満たされる時も、人は幸せいっぱいの気持になります。

他人の喜びや幸せがそのまま自分の喜びや幸せと感じられる時、人はこの上ない幸福感に満たされます。

神の愛念で心が満たされる時、人は至福に満たされます。そして、ついに神との一体感・自他一体感の中で、人は至福そのものとなります。また、自分の中から愛の心があふれ出ていく時も、人は無限の歓びにあふれて至福そのものとなります。

至福の心は、本心が味わうことのできる、歓びの究極にある幸せの心です。つまり、究極の幸福感、それが至福の心なのです。

第五章

神の愛と叡智《えいち》

守護霊守護神の愛と叡智

魂の親子

人間はともすると、自分一人の力で生きているつもりになっていることがあるように見受けられます。

しかし、少し考えてみれば、ただ生きているだけでも、何一つとして自分の力で生きているものはないということがわかります。第一、自分では肉体の細胞一つ、髪の毛一本といえども創ることはできません。ただ生きているだけのことでも絶えず諸器官が働き、新陳代謝をおこなっていますが、その何一つとして自分でやっているものはありません。

また、自分の中で働いているいのちにしても、それは自分で創り出しているものではありません。生きるために必要な水も空気も太陽も、自分が用意したものではありません。何もかもが与えられていて、それによって人間は生かされているのです。

さらにまた、人間は一寸先のことさえもわかりません。それさえもわからない人間が、自分一人の力だけで何十年もの長い人生を無事に生きていくなどということは、できようはずもないのです。このように肉体人間というものは、何ごともなし得ない存在なのです。

この何ごともなし得ない人間が無事に生きていくことができるのは、やはりそこに守護の神霊の大きな支えがあるからに他ならないのです。

守護霊守護神は、守っている人間の肉体の生死、運命、日常生活の全般にわたって常に守り導いて下さっております。人間の一人ひとりに必ず守護霊守護神がついて守り導いているからこそ、人間はこの世の中を無事に生きていくことができるのです。

守護霊には正守護霊と副守護霊があるといいます。正守護霊は先祖の悟った霊で、人間の魂の親であり、一人の人間を専門に守り続けて下さっている神様です。そのまた親が守護神です。

ですから、自分の魂の親である正守護霊と、魂の祖父である守護神は、自分を常に見守り続けて下さっている慕わしい親様なのです。魂と魂が一つに結びついている親様なのです。正守護霊と守護神は、一人の人間が生まれる前から死んだのちまで、その人間にぴったりとついて守り続けて下さっております。肉体人間の親子は血のつながった親子ですが、守護の神霊と人間は生前から死後もなお魂のつながっている親子であり、肉身の親子以上に切っても切れない間柄なのです。

人間の力を発揮させる

人間には正守護霊の他に副守護霊がついています。副守護霊としては、亡くなった肉親をはじめ友人や先輩の霊人が当たっていることが多いようです。指導霊とも呼ばれています。おもに仕事面についての指導をしてくれます。

守護霊守護神はさまざまな形で人間を守っております。いかに困難な状況に追いつめられることがあっても、最後のどたん場で守護の神霊は奇蹟的な形で劇的に救って下さるのです。しかし、通常は何気ない形で私達を守って下さっております。

人間の生死までをも含めた全権能をにぎっているのが守護の神霊なのですから、守護の神霊なしには人間は一瞬たりといえども生きていることすらもできないのです。一投足、一呼吸に到るまで、すべては神霊の働きあってのものであるということを知らねばなりません。ですから、人間の方は自分の運命の全権をにぎっている守護の神霊に、ただもうすべてを任せて生きていく他はないのです。

このように人間が神に全託する生き方は、守護の神霊にとっても人間を一番守りやすい生き方になります。また、人間にとっても、神の導きに素直に従って生きることが一番まちがいのない生き方となるのです。

一箇の肉体人間は何ごともなし得ない無力な存在です。しかし、そこに神の生命エネルギーが働きかけると、肉体は俄然完璧な働きを見せます。諸器官は自動的に働いて新陳代謝をおこないます。けがや病に対しては自然治癒力を発揮してそれを回復させます。肉体は健康を維持する完璧な機能を発揮するのです。

同じように、肉体人間に神霊の働きが加わると、人間は俄然いろいろな能力を発揮していくことができるようになります。そして、ついには無限なる能力、無限なる神性を発揮するにまで到るのです。

無条件の愛

ところで、守護霊守護神は一体私達のことをどう思っておられるのでしょうか。このことについて、私は次のような体験をしたことがありました。

もう二十年以上も前のことです。私は電車に乗って腰をかけていました。目の前の席に、うす汚れたみすぼらしいなりをしたひどく人相の悪い老夫婦が並んで坐っていました。私はこの二人に嫌悪感を感じていました。私はついさげすむような気持になって、「このような二人にでも守護霊守護神はついているのだろうなぁ」と思ってしまいました。そして、「二人の守護霊守護神は一体二人のことをどう見ているのだろう」とその気持が知りたくなりました。そこで、私は自分の想念を二人の守護霊守護神にすうっと合わせるようにしてみたのです。

すると、どうでしょう。私の心の中に、二人の守護霊守護神の心がそのままパッとうつってきたのです。

その瞬間、私は心の中で思わず目の前の老夫婦をしっかりと抱きしめておりました。

そして、「あゝ、愛《いと》おしい、愛おしい、わが児!!」と叫んでおりました。私は二人が無条件に愛おしくて愛おしくてたまらない気持でいっぱいになりながら、二人をしっかりと抱きしめたままでおりました。あたかも私自身が老夫婦の守護霊守護神でもあるかのように、私は二人に強い愛念を注いでおりました。その時の私は二人の人相や身なりなどというものはまるで問題にもしていませんでした。先程の嫌悪感もどこかへ吹っ飛んでなくなっていました。ただただひたすらに純粋に愛おしくて強い強い愛念を二人に注いでいたのでした。

そのような強烈な体験の中で、私は「あゝ、これが守護霊守護神の愛なのだ」とはっきりわかったのです。私は神の愛がこれほどまでに強い強い愛念であったとは思ってもいませんでした。人間は神様からこんなにも強く愛されていたのだと思うと、私はもうたまらなくなって、涙がこみあげてきてとまりませんでした。

こうして神様の愛念で私自身がいっぱいになってしまい、私はこの上もない満足感と、例えようもない至福感に満たされておりました。

私は、神様がこんなにも強く愛している人達をついさげすむような想いで見てしまったことを、深く恥じ入りました。私は心の中でおわびをしながら、今後は二度とどんな人に対しても、さげすむような想いは持つまいと固く心に誓ったのでした。

神が愛してやまない人達をさげすむことでさえも、それは大いに愛にもとる行為であるのです。それなのに、その人を傷つけたり、ましてや殺生するなどということに至っては、もう何という恐れ多いことでありましょうか。

さて、その後、私は何度か他の人達に対しても、その人達の守護霊守護神に想念を合わせてみては、同じようにその守護の神霊の強烈な愛念を実感しておりました。ですから、それ以来、私は、人間は誰もが守護の神霊の強い愛念にいだかれて守られているものなのだと思うようになりました。

ところで、守護の神霊からこれほどまでの強烈な愛念を受けているにもかかわらず、人々はその愛念には全く気づいておりません。私自身も、常日頃自分の守護霊守護神のそういう強い愛念を感じることは全くありません。このことを私はずっと不思議に思っていました。しかし、それは守護の神霊の方で、わざと気づかせないようにコントロールしているのだ、と理解するようになりました。

守護の神霊は自分が守っている人間に対し、自分の方にふり向かせるというようなことは致しません。あくまでも人間を自主的に行動させながら、陰ながら守り導いているのです。自分は目立つことなく、人間の干渉にならないように、陰の働きに徹しているのが守護の神霊の守り方なのです。守護の神霊は、人間世界の主役である人間をバックアップする陰役、縁の下の力持ちとして働いて下さっているのです。

一人ひとりに必ず守護の神霊がついているのですから、当然悪人にも守護の神霊はついております。では、悪人の守護霊守護神は、その悪人のことを一体どう思っているのでしょうか。しょうがない奴だと顔をしかめておられるのでしょうか。

ある人がそう思って、悪人といわれている人の守護の神霊に想念を合わせてみました。すると、悪人を手のひらにのせた神様の姿が浮かんできました。その神様は目を細めていかにも愛おしそうに手のひらのわが児をやさしくなでながら、愛の息吹を送っておられたそうです。

できの悪い子供ほど親はかわいいといいます。神様も悪いことばかりするわが児はことの他案じられて、愛おしみをかけたくなるのでしょう。悪人はいわば反面教師を演じている損な役廻りの人間です。そういう憎まれ役を引き受けて人々を善導するという悪役を演じているわが児が何ともいじらしいというか、愛おしくてならないのではないでしょうか。

その守護の神霊は、わが児が反面教師の役割を果たしながら、やがて自分もまたその悪に気づいてそれを悔い改め、善に目覚めて自己を完成していくようにと根気強く守り続けておられるのです。これを生まれ変わり死に変わり幾転生《いくてんしょう》も続けていくのですから、守護の神霊の導きはまことに忍耐強い愛深いものといわなければなりません。

このように、守護の神霊はひたすら愛念を注ぎながら、愛念で温かく包んで下さっているのです。その愛は愛一念の愛であって、愛に反する怒りとか処罰の念などはみじんも含まれていません。ですから、神様が怒って罰を当てるなどということは決してないのです。

では、人々が罰と呼んでいるものは一体何なのでしょうか。

それは、カルマの法則によって、自分の悪行が悪い結果や報いとなって現れるものを指してそう呼んでいるのです。従って、それはあくまでも自業自得のものであって、神様が罰しているものではないのです。

よく天に代わって天罰を加える、などということをいいます。しかし、人間は天に代われるほどまだ上等ではありません。その人間が天に代わってなどというのは、傲慢以外の何ものでもありません。また、人間が天に代わらなくても、天の法則は誤りなく善には善の結果を、悪には悪の結果をおのずともたらしていくのです。

カルマの清算と運命の修正

人間は生まれ変わり死に変わり何生《なんじょう》にもわたってカルマを積み重ねてきております。その行為の結果が自分の不幸、災難、苦悩となって現れるのです。苦悩となって現れることによって、過去に積んだカルマは消えていきます。こうしてカルマは清算されていくのです。

自分が積み重ねてきたカルマは自分が清算しなければなりません。自分が借りた借りは自分で返さなければならないように、人間はみずからの責任でみずからのカルマを清算しなければならないのです。

人間は何生もかけて膨大なカルマを積み重ねてきております。それを全部自分一人で清算するとなると、じつに膨大な苦悩を伴わなければなりません。

そこで、守護霊守護神は人間の苦しみがなるべく小さくてすむように、自分が守っている人間のカルマの八十パーセントを肩代わりして消して下さっているのだといいます。ですから、人間はもうそれだけですでに自分の苦しみの大半を守護霊守護神に助けてもらっているのです。人間の方は残りの二十パーセントを自分で払っていけばいいだけなのです。この残りの分は、自分の魂の経験としてどうしても必要なものなので、それは自分を通して払わなければ消えていきません。

しかし、この残りの二十パーセントのカルマでさえも一度に払いきれるような生《なま》やさしいものではないのです。そこで守護霊守護神は、なるべく人間の痛みが少ないようにとカルマを小出しにして、小さい形で大きく消して下さっているのです。ですから、例えどんなに大きな苦しみであっても、それは必ずその人が乗り越えられるものなのだといいます。その人が乗り越えられないほどの苦しみは決して与えない、というのが守護霊守護神の愛なのです。

守護霊守護神はあの手この手でもってカルマを消しやすい形にして消して下さっています。大難を小難に、小難を無難にして私達を守り育てて下さっているのです。人間の苦悩を軽減させながら、その運命を良い方へと修正して下さっているのです。

進化向上を助ける

守護霊守護神は、人間の魂の成長、魂の進化向上ということに主眼をおいて人間を守り導いていきます。人間が生まれ変わっていく先の先までをも見通した叡智をもって、守護霊守護神は人間を守り育てていくのです。守護霊守護神の働きはすべてその愛と叡智によるものなのです。

人間にさまざまな経験をさせるのも、それが魂の成長に必要なものだからです。魂の成長や進化向上のためになるかならないか、ということに基準をおいて、守護霊守護神は人間を守り導いていくのです。

人間はさまざまな経験を通して宇宙の真理を学び取っていきます。そして、宇宙の真理にそった生き方ができる魂へと成長していきます。守護霊守護神はその魂の進化向上を見守り、応援し、支え続けてくれる肉親のような親様、神々様なのです。

個人個人を守る守護の神霊の他に、地域を守る働きをする神様がおられます。氏神《うじがみ》、産土神《うぶすながみ》、鎮守神《ちんじゅがみ》と呼ばれている神々様です。さらに、一国一国を守る働きをしている国津神様《くにつがみ》がおられます。

このように、私達は神々様によって三重にも四重にも守りに守られているのです。この守護の神々様が最もお喜びになることは、私達人類が神性を顕現して地球世界を大調和の世界にすることなのであります。

宇宙神の愛と叡智

注ぎ込む愛

宇宙神とは、宇宙の根源に白光燦然《びゃっこうさんぜん》と輝きながら無限に広がって存在している大生命のことです。

この宇宙神の大生命の光は神々の光に分かれて働いております。例えば、星々を司る神々、鉱物、水、山、大地、海、空気、植物、動物をそれぞれ司る神々として働いているのです。

まず、宇宙神はこれらの森羅万象を司る神々に分かれて、みずからの大生命エネルギーを駆使して宇宙を創造しました。ですから、宇宙の万物はすべて宇宙神の大生命エネルギーによって創られているものなのです。

それ故に、宇宙神にとっては宇宙の中のすべてのものは自分のいのちを分けた愛おしいわが児達であるわけです。従って、宇宙のあらゆるものの中に宇宙神の愛が注がれております。その愛の種類は無数無限です。宇宙の中の無数の生きとし生けるものに、ありとしあらゆるものに、その素粒子の一つ一つに到るまで、それぞれに宇宙神の愛が注がれているわけですから、その愛の種類はまことに無数といわなければなりません。また、それらのすべての愛は永遠につきることのない無限なる愛でもあるのです。

すべてを愛おしむ宇宙神はみずからの大生命エネルギーをすべてのものに与え続けておられます。宇宙神から神々を通して注がれてくる大生命エネルギーによって宇宙の中のすべてのものは存在し、生かされているのです。

宇宙神の大生命エネルギーの光は絶大なるパワーを持っております。その光の熱はあまりにも強すぎるため、人間の肉体はその光を直接受けることはできません。

そこで、宇宙神から注がれてくる大生命の光をまず守護神が受け取ります。守護神はその光をやわらげて守護霊に流します。守護霊はさらにそれをやわらげて私達肉体人間に流してくれるのです。ですから、このこと一つを見ても、肉体人間は守護神守護霊なしにはとうてい生きていることさえもできないものなのです。

さて、右のことから、宇宙神の愛し方として、まずすべてのものに光を注ぐ、生命《いのち》を注ぐ、愛念を注ぐという愛し方があることがわかります。この愛は与えっぱなしの愛、ひたすらなる無償の愛です。

従って、宇宙神と一体である神々もいのちを注ぐ、愛念を注ぐという愛し方をします。私達人間も神我一体を得るようになれば、神々と同じように与えっぱなしの愛をわが無上の歓びとすることができるようになります。こうして私達も神々のお仲間入りができるようになるのです。

包み込む愛

すべてのものに愛を注ぐという愛し方の他に、宇宙神、神々にはもう一つの愛し方があります。それは、すべてを温かく包み込むという愛し方です。

包み込む愛は寛容の愛です。寛容の愛はすべてをありのままに受け入れる愛、受容の愛です。「受」と「愛」の文字はよく似ています。「受」の中に「心」と書いて「愛」になります。すなわち、受け入れる心が愛なのです。それはありのままにすべてを生かし、存在せしめる心、赦しの愛でもあります。それはまた温かくやさしく見守る愛でもあります。

生きている間だけではありません。肉体の死後も魂は幽界や霊界に受け入れられて生かされていくのです。このあとでも述べるように、宇宙は多次元構造になっていて、神は魂のレベルに合った次元の階層に魂を収容して生かし続けていくのです。

このように宇宙のある一定の階層に魂の存在を受け入れるということは、ある階層にまで魂をいだき上げ、いだき取るということでもあります。

神は人間を輪廻転生させながら、その魂を進化向上させていきます。そして、ついにはみずからの光明の中に魂を救い上げていくのです。従って、受け入れる愛とは、人々や生きとし生けるものをみずからの光明の世界の中に受容して救い取るという救済の愛でもあるのです。

包み込む↓受容する↓救い取る

これが神の赦しと救済の愛の働きであります。

私は祈りによって、この神の赦しと救済の愛の心をも実感し得るに到りました。そして、人を赦し人を救済する愛の心を働かせることはこの上ない魂の大いなる歓びであることをも知るに到りました。

私がこのようにみずからの体験について述べるのも、人を愛することがいかに大きな歓びであるかということを、是非多くの人々にも知ってもらいたいからに他なりません。そして、多くの人々にも是非それを実感してもらいたいからなのです。

人類がみな愛することの歓びや至福感を実感し得たなら、人類はもう愛し合わずにはいられなくなります。そうなれば、この地球世界はたちまち愛と歓びと至福に満ちた世界になるのです。是非このようなすばらしい世界をみんなで心を合わせて創り上げていきたいものであります。

多次元構造の大宇宙創造

ある時、宇宙神は、生きとし生けるものにいのちの喜びを味わわせてやりたいとお思いになりました。そこで、その喜びを経験できる宇宙という場を創ろうとお考えになったのです。この宇宙神の愛の発動が宇宙創造の発端です。

こうして、各々次元が異なる階層を持つ多次元構造の大宇宙が創られたのでした。ですから、私達が住んでいる三次元の広がりを持つ肉体世界だけが宇宙ではないのです。

宇宙には三次元を超えた異次元の世界、幽界、霊界、神界などの次元の異なる世界が多数存在しているのです。この宇宙の階層は、細かく分けようと思えば、無数ともいえる階層に分けることもできるといいます。まさに多次元構造なのです。肉体界や幽界という低次元世界から、霊界や神界という高次元世界になるほど、より調和した世界になります。

では、宇宙神はなぜこのような多次元構造の宇宙をお創りになったのでしょうか。その理由の一つは、生きとし生けるものに、存在し得る限りの喜びを次々と与えてやりたいと思われたからではないでしょうか。その証拠に、人間をはじめ生きとし生けるものを、低い次元の世界から高い次元の世界へと進化向上させながら、各階層における喜びを経験させて下さっています。しかも、高次元世界になればなるほどより深い喜びが経験できるのです。

もう一つの理由は、目的に向かって生きる時、いのちは生き生きと働くことができるということです。いのちが生き生きと働くところに喜びも湧いてきます。このように生きとし生けるものが進化向上をめざして各階層を一段一段と喜びを持って上がっていかれるようにと、多次元構造の世界をお創りになったのではないでしょうか。宇宙の各階層は私達が進化向上していくための学びの場でもあります。

宇宙はまさに宇宙神から私達生きとし生けるものへの愛と叡智に満ちた贈り物であるのです。

次元の違いは波動の違い

宇宙は各々次元が異なる多数の階層の世界によって構成されている多次元構造の世界になっております。この次元の違いとは波動の違いのことに他なりません。

宇宙の各階層の世界は、その階層特有の波動を持っております。

私達が住んでいる三次元の低次元世界の波動は、振幅が大きく速度の緩慢《かんまん》な粗《あら》い波動になっています。

それに対して、高次元世界の波動は、振幅が小さく速度の早い細かい波動になっています。神霊の波動はこの微妙霊妙な細かい波動なのです。高次元世界になればなるほど波動が細かくなっていきます。逆に低次元世界になればなるほど波動が粗くなっていきます。次元の違いとはこのように波動の違いのことなのです。

三次元世界で一番速度の早いものは電磁波（光）です。光は真空の中を毎秒三〇万キロメートルの速さで進みます。一秒間に地球を七回半廻る早さです。この光が一年かかってたどりつく距離を一光年といいます。

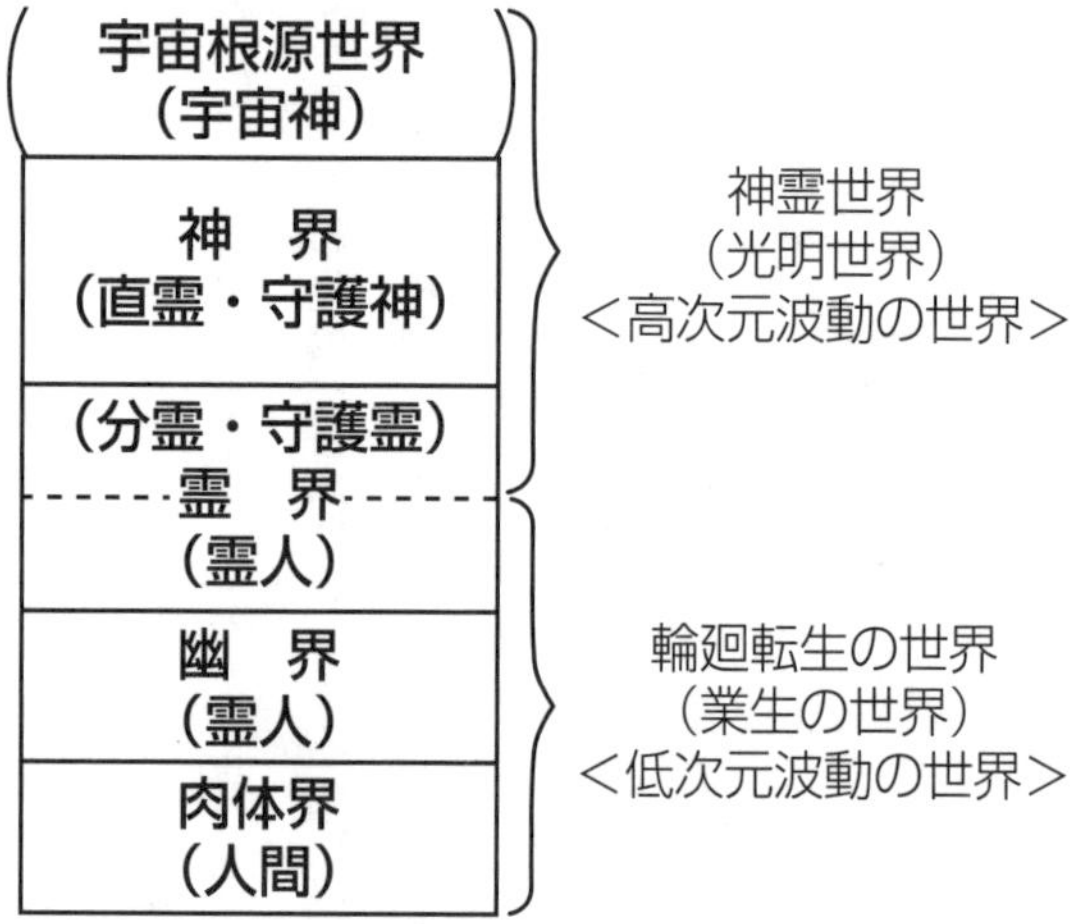

宇宙の多次元階層

ところが、この光が何億年もかかってたどりつく距離を、高次元波動の神の光明《こうみょう》は一瞬のうちに到達してしまいます。また、高次元波動を持つ人間の心も一瞬のうちにはるか無限のかなたにまで思いを馳せてしまうことができます。

人間の心（本心）が高次元波動であるのに対して、肉体や物質にまつわる人間の業想念波動は肉体や物質波動と波長の合う低次元の波動なのです。ですから、低次元波動の業想念を持った人間の魂は、同じ低次元波動の世界である肉体界、幽界、霊界の半ばあたりまでの領域を輪廻転生していきます。

霊界の半ばあたりから神界までが神霊の

住む高次元世界です。そこは業想念波動のみじんもない光明波動の世界、高次元波動の世界となっています。輪廻転生を経て多くの経験を積んだ魂は、やがて真理を悟って光明世界へと生まれ変わっていきます。この高次元世界へと生まれ変わっていった魂は、もう肉体界へ生まれ変わることはありません。輪廻転生の学習の過程をすべて卒業した魂は、そのあとは光明世界の階層を昇っていくのみとなります。

但し、光明世界に住む高級神霊が菩薩心を起こして、人類救済のために、肉体をまとって菩薩として肉体界に生まれてくることはあります。釈尊やイエス　キリストのような聖者賢者がそうです。

また、肉体人間に生まれ変わらなくてよい高い魂が、子孫の救済のために、みずから志願して肉体界に生まれ変わってくることがあります。その高い魂は、先祖の宿業《しゅくごう》が子孫を苦しめないようにとその宿業を一身に背負って重度の障害者として生まれ変わってくるのです。そのような子供達は天使のような清らかな心を持っております。ですから、その子供達に接した廻りの人々の方が逆に癒されたり、励まされたりしてしまいます。

人間は大宇宙を貫く生命

さて、先程も述べたように、私達人間は肉体の他に、幽体をまとい、霊体をまとい、神体をまとって生きております。ということは、私達は肉体界で生きていると同時に、じつは幽界でも、霊界でも、神界でも生きているということなのです。つまり、この私は肉体界にもいると同時に幽界霊界神界にもいるのです。

こんなことをいうと頭が混乱してしまう人がいるかも知れません。しかし、ほんとうは自分とはそのように、神界から霊界幽界肉体界にまでこの大宇宙を貫いて存在しているひと続きの大いなる生命であるのです。

自分はこのような大いなる生命であるということを人間はすっかり忘れてしまいました。こうして人間は肉体が自分であるという極端な自己限定に落ち入ってしまっているのです。悟りとはこの迷妄から醒めて、自分は天地を貫いて存在する大いなる生命であるということに再び気づくことなのです。

私達人間は宇宙神のいのちと心が分けられている宇宙神の分身分霊です。そのいのちの一筋一筋が神界にて働き、それが霊界にまでのびて働き、さらに幽界にまでのびて働き、そして今は肉体界にまできて働いているのです。

波動も神の愛の贈り物

さて、すべてのものは波動を持っています。人間も神霊もそれぞれ特有の波動を持っています。

同じ波長のもの同士は同調してお互いに引き合い一つに結びつきます。人間も同じような波長の想念を持った者同士が集まってグループをつくります。類は類を呼ぶという現象です。

これとは反対に、波長が合わない者同士は一つに結びつくことができません。気心の合わない者同士がどうしてもうまくいかない、仲良くなれないというのもそのためです。

これと同じように、業想念と神の心は波長が全く違うので、業想念の強い人間はなかなか神と一つにつながることはできません。それどころか、業想念の強い人間はますます神から離れていってしまうのです。

では、業想念を持つ人間は神と離れ離れになったままでもう再び一つにつながっていくことはできないのでしょうか。

決してそんなことはありません。人間は救いを求めてまた神と一つになっていくことができます。その神との一体化は、神と人間の間にはしごをかけることによって可能になってきます。そのはしごに当たるものが祈りなのです。人間が神の心と同じ波動を持つ祈りを祈ることによって、人間の心は神の心と一つにつながっていくことができるのです。このように、祈りが持つ光明波動はまさに人間と神とを結びつけるかけ橋となるものなのです。

神々は宇宙大生命の波動を駆使して森羅万象を創り出しました。同様に、私達人類も祈りによって宇宙大生命の高次元波動をひびかせながら神々と一体となって大調和世界を創り上げていくことができるのです。そういう意味では、この波動もまた宇宙神からのじつにありがたい、すばらしい愛の贈り物であるということがいえるのであります。

宇宙人は神の具現者

人間は輪廻転生を経たのち悟りを得て神となります。悟りを得た人の魂は、死後は守護霊守護神と合体して高次元世界に住むようになります。ある人は守護霊となって子孫を守る働きをします。また、ある人は進化した星々へと生まれ変わっていきます。

進化した星々には、宇宙人と呼ばれる進化した人類が住んでおります。この宇宙人達は、私達の守護神と同等の高い精神性を持った方々であり、神々様なのです。

宇宙人はすぐれた科学を持っております。地球科学が原水爆のような破壊力をつくり出す科学であるのに対して、宇宙人が持つ進歩した科学は調和のみを生み出す超科学であるといわれています。このようなすばらしい科学を使って調和した世界を創造しながら、宇宙人は喜びと至福に満ちた生活を営んでいるのです。

太陽系の惑星である金星、木星、水星、火星、土星にも宇宙人が住んでいることが知られています。月には宇宙人が使用する円盤の基地があるといいます。宇宙人が住んでいるこれらの惑星の世界にも地球と同じように大地があり、空があり、湖があり、道路があり、建物があって、植物が茂り、動物達が住んでおります。

しかし、地球世界と宇宙人の世界では著しく異なる点がたくさんあります。

まず、宇宙人は愛深い人達ばかりで、みじんの業想念も持っていません。ですから、宇宙人の世界には戦争をはじめ一切の争いごとがないのです。犯罪がないので、警察も刑務所もありません。病気がないので、病院も存在しません。また、飢えや貧困も皆無です。

この世界では誰もが必要とするものを与えられるシステムになっているので、お金も存在しません。愛によってものの分配がおこなわれているので、お金を持つ必要がないのです。

宇宙人はそのすぐれた超科学によって、真空の中に無限に充満している宇宙エネルギー（宇宙生命エネルギー）からクリーンなエネルギーを取り出して使用します。また、宇宙エネルギーから取り出した物質エネルギーを物質化して種々の製品を作り出します。物質もエネルギーも宇宙空間に無限に存在しているものなので、宇宙人はそれらを獲得するために大自然を破壊したり、お互いが争って奪い合ったりする必要は全くないのです。

だから、宇宙人の世界は大自然も調和して透明な美しさに輝いています。そこには、猛禽類や猛獣なども一切住んでいません。また、一年中が快適な気候で、寒暖の差がなく、異常気象や天変地変もありません。太陽系の惑星の中で地球だけが進化のおくれた星となっているのです。

宇宙人の世界は微妙霊妙な波動を持つ高次元世界です。その世界に宇宙人達は微妙な波動を持つボディ（幽質体）をまとって生活をしております。

それに対して、地球人は波動の粗い地球世界に波動の粗い肉体をまとって住んでおります。ですから、地球人は宇宙人とは波長が合わないので、普通の人は宇宙人の世界を見ることも触れることもできないのです。つまり、波動の粗い肉体の感覚器官では、波動の細かな宇宙人や神霊をとらえることはできないのです。波動の細かな宇宙人や神霊は、波動の細かな心、本心によってはじめて感知することができるのです。

しかし、やがて地球も進化して細かい波動の世界になれば、私達の肉体波動も細かくなるので、私達は肉眼で亡くなった人達や、神霊の姿を見ることができるようになります。また、宇宙人達ともテレパシーで会話を交わしたりすることもできるようになるのです。

ところで、金星や木星には、はじめからすばらしい宇宙人が住んでいたわけではありません。かつてはそれらの星々の人々も、地球人類と同様に肉体人間の時代があって、業生の生活を続けておりました。その結果、環境を荒廃させてとうとう破滅寸前にまで到ったのです。しかし、自分達の誤ちを気づかされ、蘇生への道を歩み出していって、ついに調和の世界を築くに到ったのだといいます。

私達地球人類も、もう破滅への道を歩むのをやめなければなりません。そして、この地球上にも調和の世界を築いていかなければなりません。さらにはまた、宇宙の進化した人類の仲間入りをして、星々の人々との交流を深め、広く宇宙へと学びの場を広げ、愛を広げていかなければなりません。それが宇宙人類としての生き方だからです。

宇宙人類という広い視野に立って心を宇宙に向けていく時、小さな地球の中でさまざまの争いごとに明け暮れていることが、何とも愚かしいことに思えてきます。

人類に与えられた天命

宇宙神は宇宙の各階層に人類という自己の分身を派遣して、各々の世界を統治させております。人類は宇宙神の分身、名代《みょうだい》として、自分が住むそれぞれの世界で、その世界を調和あらしめるという天命を持って働いているのです。

天命とは、天の使命のこと、天にまします宇宙神よりいただいているお役目のことです。宇宙神の愛と叡智によって、私達人類はこのようなすばらしい天命を与えられているのです。

この天命をみごとに果たしている人類が宇宙人である、ということがいえるでありましょう。宇宙人達は愛と調和の心で生活を営むことによって、大調和したすばらしい世界を創り上げているからです。

私達地球人類もまたその天命を果たすべく、万物の霊長としてこの地球世界を調和あらしめていかなければなりません。

しかし、私達地球人類は世界の統治者としてはいまだ一人前ではありません。地球人類は一人前の統治者になるために修行している、まだ修行中の身なのです。

そこで、私達地球人類がまず果たさなければならないことは、神我一体を得て一人前の世界の統治者になるということです。これが第一の天命です。それによってはじめて宇宙神の名代としての天命を果たすこともできるわけです。

ここに至って私達地球人類は、次の二つの大天命を同時になし遂げていくことが重要となってきました。

①神我一体を得て神性を顕現し、宇宙神のりっぱな分身・名代となる。

②地球大調和世界を創り、それを治める。

この二つの大天命を同時になし遂げていくような生き方こそこれからの私達地球人類の重要な生き方となってきたのです。

じつは今天より地球人類に向けて、地球人類の目覚めをうながす光明波動が燦々と注がれてきております。この天より送られてくる愛の光明波動を受けて、今こそ私達人類はみずからの天命に目覚めなければならない時に至っているのであります。

第六章
宇宙生命の法則・宇宙の仕組み

宇宙生命の四つの法則

人間が生きていく上で重要なことは、宇宙の法則にそって生きるということです。例えば、飛行機や宇宙ロケットがうまく空を飛んで目的地にいけるのも、それらが宇宙の物理的法則に合った仕組みで飛ぶからに他なりません。

これと同じように、人類も宇宙の法則に合った生き方をすれば、この宇宙の中で安全に生きていくことができるわけです。

しかし、人類は宇宙の法則からはずれた生き方をしてきてしまいました。その結果、戦争や犯罪や病気が絶えることのない不穏な社会をつくり上げてしまったのです。また、種々の環境破壊、環境汚染、資源の枯渇、地球温暖化、砂漠化、旱ばつ、洪水、津波、地震、台風といった異常気象や天変地変の絶えない、危険がいっぱいの地球にしてしまったのです。すでに述べたように、宇宙の法則をはずれた人類の生き方がひん発する天変地変の原因にもなっているのです。

宇宙の法則からはずれた生き方をすればするほど、人類は宇宙の中では生きていくことができなくなります。そして、やがては滅亡するしかなくなるのです。

そこで、人類や地球を滅亡させないために、私達人類は宇宙の法則というものをしっかりと学ばなければなりません。

宇宙の法則とは、宇宙に遍満している宇宙生命の法則のことに他なりません。この宇宙生命の法則に反した生き方をすれば、私達生命を持つものが無事生きていくことができないのは自明の理であります。

私達は、この宇宙生命の法則にそった生き方をしていくことによって、今私達が直面しているさまざまな危機を回避することができます。そして、さらには根本的に蘇っていくことができるのです。

では、その重要な宇宙生命の法則とは一体どのようなものなのでしょうか。

まず、宇宙生命の基本的な法則として次の四つのものをあげることができます。

(一)　愛の法則
(二)　調和の法則
(三)　生成発展・進化の法則
(四)　想念の法則

この宇宙生命の四つの法則は、いずれも神の代表的な心の働きでもあります。愛、調和、進化といった神の心の働き、人間の本心の働きは、宇宙生命（神の生命）の法則の働きとしても必然的に働いているものであるのです。

では、なぜ愛や調和や進化向上という心の働きが法則としても必然的に働くのでしょうか。このことについても順に述べていってみたいと思います。

愛の法則・愛の仕組み

愛とは他を生かすこと

宇宙神は創造主としてみずからの大生命エネルギーを駆使して宇宙をお創りになりました。宇宙の生みの親である宇宙神にとっては、宇宙の中のすべてのものは自分のいのちを分けた愛しいわが児であるわけです。

まず、ここに、親が子を愛するという愛の原形を見いだすことができます。また、宇宙神より生み出された分身分霊達は、親である宇宙神を敬愛してやみません。ここに、子が親を慕い愛するという愛の原形を見ることができます。この愛の原形が生きとし生けるものの親子の愛の形として受けつがれているのだということがいえましょう。

宇宙神はみずからの大生命エネルギーを宇宙の森羅万象に向けて注いでおります。そうして宇宙のすべてのものを生かし続け、存在せしめているのです。

まず、宇宙の根源にある宇宙神の大生命エネルギーが神界に注がれていきます。次に、その神界の大生命エネルギーがやや波動を粗くしその光をやわらげた形で霊界に注がれていきます。そして、その波動をさらに粗くした大生命エネルギーが幽界に注がれ、それをまた粗くしたものが肉体界に注がれてくるのです。

このように、宇宙神は宇宙のすべてのものを愛おしみながらすべてのものにいのちを注ぎ続けております。そして、なおかつすべてのものに必要なものを与え続けているのです。宇宙神の愛によって、あらゆる必要なものが、必要な時に、必要なだけ与えられるという無限なる供給がおこなわれているのです。

この無限なる供給という宇宙神の愛の働きに、愛とは与えっぱなしに愛を与えることである、という愛のあり方を見ることができます。また、愛とは他を生かすことである、という愛の本質を見いだすことができます。

多次元構造の仕組み

宇宙神の愛の働きによって、大生命エネルギーが宇宙の高次元世界から次々と低次元世界に向けて注がれていきます。それはちょうど、水が高い所から低い所へ向けて流れていくのによく似ています。宇宙神の愛も、高次元世界から低次元世界に向けて一方向に自動的に法則的に注がれていくのです。

この法則が働くための仕組みが多次元構造という宇宙の仕組みなのだと思います。高次元世界になるほど波動が細やかになり、大生命エネルギーの密度が高く、パワーの強いエネルギーとなっています。次元の差とは、この波動の差、エネルギーの密度の差に他なりません。エネルギーは密度の高い方から低い方へと流れていきます。このエネルギー密度の差、圧力の差を利用して、生命エネルギーは高次元の場から低次元の場に向けて一方向に、自動的に、法則的に流動していくのです。

宇宙神は多次元構造の宇宙を創ることによって、愛が宇宙の法則として働くようにしたのです。愛は他を生かす働きです。つまり、宇宙神は他を生かす働きを法則として働くようにしたのです。

愛が働くことによって、愛することの歓びが生じます。宇宙神は、歓びが必然的に生じる場としてこの宇宙というものをお創り下さったのです。大宇宙はまさに、宇宙神の愛と叡智に充ち満ちたものであるのです。

この大宇宙に、神体霊体幽体肉体をまとって存在しているのが人間です。人間は大宇宙と同様に多次元構造を持つ大宇宙のひな型なのです。ですから、人間も愛と歓びが必然的に生じる神の心をそっくりそのまま持っているのです。

生命の縦の循環

宇宙神の愛念と生命エネルギーは、高次元世界から低次元世界に法則的に流れてきております。この生命エネルギーによって私達は生かされ、生き続けているのです。

この宇宙神の無限なる恩恵に対して、進化した人類の宇宙人達は、無限なる感謝の祈りを捧げます。宇宙人達は、神のはかり知れない恩恵に対し、感謝の心を捧げずにはいられないのです。

私達地球人類はどうでしょうか。神に対して、一体どれほどの人が心からの感謝をしているでしょうか。感謝どころか、不平不満に思っている人の方が多いのではないでしょうか。

この感謝のあるなしによっても、宇宙人の世界と地球人類の世界とでは、大きな違いが生じてしまいました。

宇宙人が宇宙神に対して感謝の気持を送ると、宇宙人の想念や生命エネルギーは宇宙の根源に向けて還流していきます。宇宙神に対する宇宙人の感謝と思慕という愛念のパワーによって、宇宙人の生命エネルギーが次元の高い世界へ向けて上昇していくのです。あたかも毛細管の中を液体が上に向かって逆流していくように、生命エネルギーが高次元世界に向けて上昇していくわけです。次元の高い世界からは絶えず新鮮な生命エネルギーが下降してきています。

こうして、生命と生命の縦の循環が生じます。生物の体内を血液が循環するように、宇宙という多次元構造の大生命体の中を生命エネルギーが上下に循環するのです。この循環によって生命の新陳代謝がおこなわれます。そして、宇宙には常に新鮮な生命エネルギーが保たれていくのです。

このように、宇宙神の名代である宇宙人の愛と感謝の心によって、生命の縦の交流がおこなわれ、生命の新陳代謝や活性化がおこなわれているのです。宇宙がいつもいのち生き生きとしていられるのはこのような理由からでもあるといえます。

それにくらべて、神への感謝がほとんどない地球人類世界では、人類の想念や生命エネルギーを高次元世界へと還流させていくことができません。そのため人類の想念や生命エネルギーは新陳代謝がおこなわれず、地球世界の中でよどんだものとなってしまいました。人類の想念や生命エネルギーはすっかり業にまみれたものになってしまったのです。こうしてヘドロのように汚れたカルマエネルギーに足をとられ、心身共に疲れきってヨタヨタになっているのが今の人類の大半の姿なのです。

古代の人々は大自然の神々に感謝し、いのちあるもの、万物に感謝しながら、心豊かな生活をしておりました。しかし、人類はこの感謝の心をすっかり忘れてしまったのです。私達はこの感謝の心を再び取り戻さなければなりません。

私達が感謝の心に目覚めていくことによって、地球の新陳代謝も再び活発におこなわれるようになります。それによって大自然は蘇り、地球はみんなが生き生きと生きていかれるようないのちあふれるものとなっていくのです。

生命の横の循環

さて、宇宙生命は、宇宙の中を縦に循環するだけではありません。

高次元世界より流れてきている生命エネルギーは、宇宙の各階層において、今度は横広がりに四方八方へと放射されてもいきます。その横広がりの放射によって、生命エネルギーの横の循環交流がおこなわれるのです。

大自然は大自然が持っている精気、つまり生命エネルギーを放射しています。この生命エネルギーによっても、生きとし生けるものは生かされているのです。また、生きとし生けるものも生気を発しています。その生気、生命エネルギーを発し合うことによっても、生き物達は相互に生かし合っているのです。このように、精気と生気、生命と生命は交流して、お互いの生命を活性化し合っております。

大自然や生き物達から放射される生命エネルギーは、他を生かす愛の放射であるということがいえます。このことは、大自然が放射する精気や霊気を浴びて私達が癒されるのを見てもわかります。また、生き物達の生気にふれることによっても私達は癒される、ということからもわかります。

大自然や動植物達とのふれ合いによって私達が癒されるのは、大自然や動植物達の邪気のない生命エネルギーをもらうことによって癒されるのです。幼児が人に喜びや癒しを与えてくれるのも同じです。幼児の邪気のない心、生命エネルギーが癒しを与えてくれているのです。

邪気のない心こそ宇宙生命の心です。愛と感謝の心もまた宇宙生命が持っている心です。宇宙生命は愛と感謝を放射しながら、横の循環交流をおこなって生き生きと働くのです。それが神々や宇宙人や悟った人達の生き方です。動物も恩返しをします。

ところで動物とのふれ合いの中でも、特にペットの動物達とは親密なふれ合いを持つことができます。他の動物達とくらべて、ペットの動物達は、人間に対する強い友愛の心を持っているからだといえましょう。ペットとのふれ合いで人が癒されるのは、人とペットの強い愛念の交流によって、病んでいる人の心身が新しいいのちのエネルギーを得て癒されていくからなのです。ですから、犬やイルカのように、愛の心が強い動物ほど癒しのパワーも大きいということはいえるでありましょう。

大自然や動物達によって人は癒されますが、逆に大自然や動物達の方も人によって癒されるのです。人々が大自然や生きとし生けるものに対して愛と感謝の心を送ることによって、傷つき病んでいる大自然や生き物達は癒され蘇っていくことができます。

この愛と感謝の生き方こそ人間本来の生き方なのです。この愛と感謝によって生命の横の循環交流がおこなわれ、地球は生き生きといのちみなぎるものとなるのです。それが神の分身、万物の霊長である人間に与えられた天の使命でもあるのです。

生かし合いの仕組み

さて、愛の仕組みとしてもう一つ取り上げておきたいことがあります。それは生かし合い、支え合いのさらなる仕組みについてです。

大地、海、山、太陽、空気、水、森林などの大自然は生きとし生けるものを生かし、支えております。

例えば、大地はあらゆる生き物をその上に乗せて生かしています。太陽や空気や水も同様に生き物達を生かし支えております。

生き物達も、生き物達同士でお互いに生かし合い支え合っております。

例えば、植物は酸素を放出し、二酸化炭素を吸収して動物を生かしています。逆に動物は酸素を吸い、二酸化炭素を吐いて植物を生かしています。蝶や蜂などの昆虫は花の蜜を吸って花の受粉をおこないます。鳥は木の実を食べその種を糞といっしょにばらまいて樹木の繁殖に貢献します。実際にはもっともっとさまざまな生き物による細かな作用がおこなわれていて、動植物は密接に生かし合い、生かされ合っているのです。

このように他を生かすという愛の働きが、大自然や動植物の間に自然のうちにおこなわれております。つまり、大自然の一つ一つが存在することによって他の生き物達を生かす、という愛の仕組みが構成されているのです。また、生き物達も自分達が生きることによって他の生き物達を生かし、他の生き物達から生かされる、という愛の仕組みを構成しております。

これらの愛は、意識的な愛とはいえないかも知れません。しかし、他を生かすという愛の働きであることに変わりはありません。大自然を含めた動植物の世界は、無意識におこなわれる愛が相互に組み込まれたシステムとして創られているのです。

このように、宇宙神は生かし合い、支え合いという大自然の仕組みをお創りになって、愛が自然に働くようになさいました。人間もまたこの仕組みの中の一員として大自然のシステムに組み込まれております。しかも人間はこの世界の中心に立つ者として、生かし合い、支え合いがとどこおりなくおこなわれるように、愛を率先しておこなう統率者、調整役としての役割をになっているのです。

この生かし合い、支え合いが共存、共生、共栄ということです。共存、共生とはお互いが無関係でただいっしょにいるということではありません。それはお互いが直接間接に密接に関連し合っていて、生かし合い支え合い補い合って一体となって生きているということなのです。生かし合いによって生命と生命の横の循環交流がおこなわれ、生命と生命は一体となって働くのです。

ところで、生かし合い、支え合いという働きは横の関係だけに存在しているのではありません。

この働きは縦の関係にも存在しております。つまり、高次元世界と低次元世界もまた相互に生かし合い支え合っているのです。高次元世界があるからこそ低次元世界も存在し得るのだし、低次元世界があるからこそ高次元世界もまたその働きをなすことができるのです。高次元世界も低次元世界も相互になくてはならない世界として存在しているのです。

調和の法則・調和の仕組み

調和とは生かし合うこと

愛が相互に自然に必然的に働くための仕組みとして生かし合う、支え合うという大自然界のシステムがあることを述べました。

この生かし合う、支え合うということの中に調和するということの本質的な意味を見いだすことができます。

生かし合う、支え合うという愛が働くところにそのまま調和があります。このことから、愛と調和は一つのものであることがわかります。つまり、他を生かすという働きが愛であり、愛と愛が組み合わさった生かし合うという働きが調和なのです。生かし合う、支え合うということが調和ということの本質なのです。

宇宙神は、調和が自然に必然的に働くようにと生かし合い、支え合いという宇宙の仕組みをお創り下さいました。ですから、自然のありのままの姿の中にすでに調和の働きが存在しているのです。

しかし、この調和の働き、調和のシステムを壊してしまったものがありました。それが人間の無知とエゴによる諸々の業想念行為です。宇宙の愛と調和の働きやシステムに対する洞察力に欠けた人間は、エゴの心を持つようになってそれを暴走させてしまいました。そして、調和とは正反対の不調和な想念行為によって対立と分裂をくり返し、不穏な世界をつくり出して地球の調和のシステムを破壊し続けてきたのです。

調和とは生かし合うこと、支え合うこと、助け合うこと、補い合うこと、協力し合うこと、愛し合うこと、喜び合うこと、栄え合うことです。調和とは生きとし生けるもの、ありとしあらゆるものが直接間接に密接に関連し合ってすべてが一つの生命体となって生きるということであるのです。

それは自然体の生き方の中にすでに見いだされるものであります。人間も内もよおしに湧いてくる愛と感謝の心で生きていくようになれば、自分が生きていることがそのまま生きとし生けるものを生かすという生き方になっていきます。本来神である人間は、愛や感謝の心が自然に湧き出てくる存在なのです。ですから、その本来の自然体の姿で生きていけば、人間は大調和した生き方をすることができるのです。

人類は一日も早くこの愛と感謝、調和の心に目覚めていかなければなりません。人類の一人ひとりが愛と感謝、調和の心で生活していけば、世界は直ちに調和したものになるのです。愛と調和の心がみなぎる世界では、戦争や争いごとは起こりようもありません。飢えも貧困も、病苦や災害苦さえもなくなってしまいます。なぜなら、調和した世界では、不調和な病気や災害などというものも一切起こりようがないからです。

私達はみずからに自然に備わっている愛と調和の心でもって、まさに地上天国をわが手のうちにつかみ取ることができるのです。

生成発展・進化の法則と仕組み

生成発展の原動力

宇宙神はみずからの大生命パワーを働かせて宇宙をお創りになりました。この宇宙創造の始まりがビッグバン（大爆発）と呼ばれるものです。

ビッグバン以前は全くの無であったかというと、そうではありません。無から有は生じないわけですから、全くの無であったということはあり得ません。では、ビッグバン以前はどうなっていたかというと、宇宙大生命が無限に広がって存在しておりました。

その大生命が創造のためのエネルギーを結集して創造活動を起こし、ビッグバンとなって物質界の光を生み出したのです。その大生命エネルギーは今もなお存在し、今後もなお永遠に存在し続けます。ビッグバンは無限なる大生命エネルギーの活動の始まりであり、宇宙創造の始まりです。そして、今なおその宇宙の創造活動は続いているのです。

みんなを喜ばせてやりたいという宇宙神の愛念によって宇宙は創られました。この宇宙神の強烈なる愛念のパワー、大生命の絶大なる意志とエネルギーが宇宙の創造活動を推し進めているのだと考えることができます。宇宙が今もなおすさまじい早さで膨張拡大を続けているのもその一つの現れであるとはいえないでしょうか。

宇宙の創造活動のプロセスとして、宇宙は生きとし生けるものの住み家である星々を創り出していきます。その後、星の中に一定の条件を整えさせて原始的生命体を誕生させます。そこから種々多様な生物を進化させて、ついに神の分身である万物の霊長の人間を誕生させます。

それと平行して星の中にはありとしあらゆるものが相互に生かし合うという大自然のシステムが創り上げられていきます。そのシステムの中で生き物達はそれぞれが繁栄して、星は種々の生命であふれる一箇の生命体となります。これで一応一箇の星の舞台に登場するメンバーがそろいます。

大生命エネルギーという絶大なる原動力によって宇宙は必然的に法則的に生成発展し、生命体を繁栄させて、さらに進化向上していくのです。ここに、

生成発展↓繁栄↓進化向上

という宇宙の法則が存在しているのを見いだすことができます。

生成発展、繁栄、進化向上という宇宙の法則は、宇宙意志の働きでもあります。神の分身である私達人類はこの宇宙意志をみずからの意志としても持っているのです。

生命体の進化と繁栄がある程度もたらされると、さらに質の高い繁栄に向けて生命体を進化させようとする宇宙意志が働きます。先輩星の人類達はこの宇宙意志に目覚めて次々と進化を遂げていきました。

進化とは、より良いもの、より調和したものへとものごとが向上していくことです。宇宙の多次元階層は生きとし生けるものが進化向上していく場として準備されているものでもあります。高次元世界に住む神々もまたさらなる高次元世界に向けて進化向上していくのです。

地球世界においても、これまで人々は個人個人で進化向上していきました。私達の先祖の中にも悟りを得て次々と霊界や神界へと上昇していった方々がおります。

地球の次元上昇の仕組み

これまで人類は個人個人において、神我一体への進化向上を果たしてきました。しかし、今や私達は、地球人類全体が次元上昇しなければならないという時を迎えるに到りました。地球世界も、金星や木星の世界と同じように、調和の世界へと次元を進化させなければならなくなったのです。いよいよ地球の進化の番がきたのです。

では、この地球世界の進化は一体どのようにしてもたらされるのでしょうか。それは次のような仕組みによってもたらされます。

宇宙の一番上の階層にある神界においては、すでに地球世界の完全平和の姿ができ上がっております。この神界でできている地球の完全平和の姿がやがて三次元の地球世界にも降ろされ現《うつ》し出されてくるのです。このように、この世は、神界や霊界や幽界の様相が現《うつ》し出されてくるので、この世のことを現《うつ》し世《よ》と呼ぶことがあります。次元の高い世界のものが次元の低い世界に向けて降ろされてくるのは次元の差によって生じる現象です。宇宙の進化も宇宙の多次元構造の仕組みによって必然的に法則的におこなわれるものであるのです。

宇宙を進化させようとする宇宙意志が宇宙神より発せられて宇宙の各階層へと下降しながら伝わっていきます。それによって進化への意志が宇宙全体の意志として働き、地球人類の意志としても働くのです。

地球人類を進化させる光明

今、地球人類の進化をうながす光明波動が宇宙の根源より神々の働きかけを通して地球に注がれてきております。

この天からの光明波動を受けて、私達はみずからに内在する宇宙意志に目覚めて進化向上をめざしていかなければなりません。私達の一人ひとりが天の働きかけに応えて進化向上をめざし歩んでいくことが肝要なのです。天の働きかけと地上の人類一人ひとりの努力があいまってこそはじめてものごとは成就するからです。今こそ神と人類が心を一つにして邁進しなければならない時となりました。

私達人類がめざす目標は神性人間へと進化向上することです。そして、地球世界を完全平和の地上天国に大進化させることです。それをめざして邁進していくことこそ今人類にとって最も重要なことがらになっているのです。今こそ私達は進化の法則から落ちこぼれてしまうということのないように、進化の軌道に乗った生き方をしていかなければならないのであります。

想念の法則

想念の法則とは

宇宙を支配している法則に、想念の法則というのがあります。想念の法則、心の法則とは、思っている通りのことが現実となって現れるという法則です。

欲求、願望、意志、想念、理念、観念、心像、感情などの心の働きを総称して想念と呼ぶことにしましょう。この想念の通りにものごとが実現するというのです。

しかし、とはいっても、二度や三度何かを思い描いたからといって、その思いが直ちに現実となるわけではありません。あるいはまた、何回か願望をいだいたくらいでは、その願望エネルギーは弱いのでそれが実現するまでには到らないのです。

想いが実現するには、想いのエネルギーが現実を形づくるために必要な強いエネルギーになるまで高められなければなりません。想念エネルギーのパワーがものごとを実現させるに必要なパワーの臨界点にまで達した時、はじめて想念は実現するのです。

物質エネルギーは物質へ転換されて物質化します。同じように、充分なパワーを持った想念エネルギーもまた客観世界の現象へと転換されて現象化するのです。従って、想念の法則とは、想念現象化の法則であるともいえます。

願望達成のポイント

想念が客観世界へと現象化して願望が達成されるためには、願望エネルギーが現象化に必要なパワーの臨界点にまで高められることが必要です。

そのための三つのポイントとして次のことがらがあります。

①願望を持ち続けること。（願望をくり返しいだき持ち続けることにより、願望エネルギーが強化される）

②願望に反する疑念や不安、不信感、否定的想念を持たないこと。（マイナス想念で願望エネルギーを減少させないようにする）

③願望は実現するという確信を持ち続けること。または、あたかも願望が実現しているかのように断定し実感していくこと。（確信や実感を持つことにより、願望エネルギーは臨界点にまで高められる）

このようにくり返し願望のみをいだき常に願望のみを持ち続けることによって、願望エネルギーはどんどん潜在意識の中に蓄積されていきます。エネルギーはたまればたまるほどそのパワーは強くなっていきます。そして、充分なパワーにまで強化されると、そのパワーは願望実現に向けて働き出して願望が実現するまで働きを続けることになるのです。

願望を達成するためには、願望のおとし穴に気をつけなければなりません。願望のおとし穴とは、願望をいだいているつもりが、じつは願望とは逆の想いを強くいだいているということです。例えば、金持ちになりたいとします。金持ちになりたいと長年願い続けているのにどうしても金持ちになれないという時、それは心の中で「自分は金がない」と強く想い続けているためなのです。「自分は金を持っていない」というマイナスの想いが強いために、その想いの通りの人生を実現させているのです。

想念のあり方が環境を定める

右に述べたことからわかることは、自分に現れていることはすべて自分の想いでつくり上げているものなのだということです。現在ある自分の環境も、自分の運命も、それらはすべて自分の想いがつくり上げているものであったのです。

大は宇宙の創造活動から小は個人の生活や動植物の生き方に到るまで、宇宙のできごとはすべてこの想念の法則によって支配されているのだということがいえます。

例えば、宇宙の創造活動は、宇宙意志の働きによるものです。

人間の営みも、人間の欲望、願望、意志、目的意識、想念などが原動力となっておこなわれているものです。しかも人間は、平和を欲しながらその平和を戦争で手に入れようとする自己矛盾のおとし穴に落ち込んだ生き方をしております。いつまでたっても世界が平和にならないのは、そこに原因があるわけです。

動植物の営みも、例えば環境により適応して生きたいという願望をいろいろと実現させながら生きているものである、ということがわかります。動物の擬態などは、まさに生きのびようとする動物達の願望による創意工夫の現れに他ならないものであるといえましょう。

願望も進化する

人間が心を持っているように、生きとし生けるものも心を持っています。人間が願望を持っているように、生きとし生けるものも願望を持っていると思われます。

進化の法則に従って、この願望や欲求も進化向上していきます。願望もまた高い水準のものを望むようになってレベルアップしていくのです。

人間の願望が向上していくのはいうまでもありません。しかし、人間のみならず、生きとし生けるものの願望も同様に進化していくものであると思われるのです。

例えば、動物達の願望です。天敵の攻撃から逃れたいという願望が擬態を生み出しました。ところが、擬態をしても必ずしも安全ではないといった経験を重ねると、その動物達は次は擬態なしでも生きられるようになることを望むのではないでしょうか。そして、そのような動物達は弱肉強食のない世界へと生まれ変わっていくのではないでしょうか。そこは、もう敵をあざむくなどということをしなくてもよい世界です。ライオンと羊がいっしょに仲良く暮らしているような平和な高次元の世界です。

人間においても、人間の魂は輪廻転生をくり返しながら進化向上をめざしていきます。向上をめざす魂はその志《こころざし》通りにやがて霊界へと生まれ変わり、ついには神界へと生まれ変わっていくのです。

このように、高いレベルの願望を持つことによって、みずからの環境もまた高いレベルのものへと向上していきます。このことからも、みずからの願望や意識のあり方がみずからの環境を定めていくのだということがわかります。宇宙人達もみずからの願望や意識のあり方を神のレベルにまで高めることによって、愛と喜びに充ち満ちた大調和の光明世界を創り上げているのであります。

この宇宙人達と同じように、私達地球人類もみずからの願望や意識のあり方を神のレベルにまで高め上げていかなければなりません。そして、この地球上に大調和の世界を打ち立てていかなければなりません。

それでは、私達の意識を神のレベルにまで高めるためには一体どうすればいいのでしょうか。

そのための極めて有効な方法が祈りなのです。

そこで、いよいよ次に、私達の意識を神のレベルにまで高めるための祈り、神性開発のための祈りについて述べていきたいと思います。

第七章
神性開発の祈り

神性に目覚める生き方

私達の意識を神のレベルにまで高めるために、私達の神性を開発して神我一体となるために、極めて有効な方法があります。それが祈りです。

私が祈ってきた主な祈りの中に、「世界平和の祈り」と「地球世界感謝行《ぎょう》」の二つがあります。その他の祈りもあり、私はさらにそれも合わせて祈って参りました。その他の祈りも合わせて祈ると、さらに著しい効果を上げることができます。しかし、「世界平和の祈り」と「地球世界感謝行」の二つの祈りを実行するだけでも神我一体を得ることができるようになります。そこで、この本では、まずこの二つの祈りについてのみ説明することにしたいと思います。

私は主にこの二つの祈りを祈り続けてきた結果、だんだんと神我一体感を得ることができるようになりました。

この祈りのある生活こそ「神性に目覚める生き方」なのです。祈りを基盤とした「神性に目覚める生き方」をすることによって、だんだん「神性に目覚めた生き方」ができるようになります。そして、それはそのまま「神性を顕した生き方」ともなっているのです。つまり、祈りによって神人としての生き方ができるようになるのです。
それでは、この祈りについて順次述べていくことにしましょう。

世界平和の祈り

人類共通の平和の祈り

次に掲げる祈りが世界平和の祈りです。

世界平和の祈り
世界人類が平和でありますように
日本《にっぽん》が平和でありますように

私達《わたくしたち》の天命《てんめい》が完《まっと》うされますように
守護霊様《しゅごれいさま》ありがとうございます
守護神様《しゅごじんさま》ありがとうございます

この世界平和の祈りは、文字通り、世界人類の平和と幸せを祈る祈りです。この祈りは、人類をはじめ人類を取り巻く生きとし生けるものすべてを含めた世界全体の調和と幸せを祈る祈りなのです。

この世界平和の祈りは、五井昌久《ごいまさひさ》先生（一九一六〜一九八〇）という方によって提唱されました。五井先生は昭和二十四年に神我一体を経験し覚者（悟った人）になられた方です。宗教と哲学の探究者であり、人道的思想家であった五井先生は、あらゆる宗教宗派主義主張を超えて誰もが参加できる、祈りによる世界平和運動を提唱されました。

この五井先生の高い理念は、ワールド　ピース　プレヤー　ソサエティ（世界平和の祈りの団体）という国連NGO（非政府機関）の設立、五井平和財団の設立としても実を結んでおります。

五井平和財団の姉妹団体であるワールド　ピース　ソサエティでは、「メイ　ピース　プリベイル　オン　アース」（世界人類が平和でありますように）を人類共通の祈りとして広める運動を国際的に展開しています。

例えば、国連の記念行事に協力して世界各地で世界各国の平和を祈る式典（ワールド　ピース　プレヤー　セレモニー）を開催しています。その一つとして、国際平和デーに指定されている九月の国連総会の開会日には例年参加して世界各国の平和を祈る式典をおこなっています。国連総会議場において、各国からの大使をはじめとする大勢の参加者全員が英語で「世界人類が平和でありますように」「○○国が平和でありますように」と声を合わせて祈っております。（五井平和財団機関誌『平和の創造』より）

その他、五井平和財団では平和の創造に向けてのさまざまな活動がおこなわれております。例えば、「世界人類が平和でありますように」と書いたステッカーの貼付やピースポールの建立を世界各地で展開しているのもその一つです。

「世界人類が平和でありますように」という祈りの言葉は、世界各国語に翻訳されていて、国境を越え人種を超えて世界各地の人々によって唱えられております。この祈りはすでに人類共通の平和の祈りとして世界中へと広がっていっております。世界平和の祈りとはこのような祈りなのです。

易しく自由に祈れる祈り

「世界人類が平和でありますように」という祈りの言葉は、まことに清々《すがすが》しい心地よいひびきを持っております。この祈りを書いた文字を見ただけでも何かしら心洗われるような気が致します。

この世界平和の祈りには、何かほのぼのとした癒しのひびきがあります。この癒しのひびきに、私達はふっと安らぎ、救われていくのです。

この祈りは、その言葉の意味もまことに単純明快です。意味が誰にでもわかり、誰もが納得する言葉です。この言葉に対し、反対の心を起こすような人はいません。誰でも、「いい言葉だなあ」と思います。

このように、世界平和の祈りは、誰にでも受け入れられる祈りです。そして、誰もが祈りやすい祈りです。この祈りのすばらしいところは、あらゆる宗教宗派主義主張を超えて、純粋に中立の立場で、誰でも自由にこの祈りを祈れることです。キリスト教の人も、仏教の人も、イスラム教の人も、ユダヤ教の人も、ヒンズー教の人も、神道の人も、はたまた無宗教の人も、平和を願いながらこの祈りを唱えることができます。ですから、この祈りによって、人類の心を純粋に世界平和一念に結集することができます。この祈りが世界中に広がっていかれる理由もそのあたりにあるのでありましょう。人類が平和に向けて一丸となれる祈りがこの世界平和の祈りなのです。

この祈りの中で唯一むずかしい言葉といえば、「私達の天命が完うされますように」という言葉ぐらいでしょう。人類の天命とは神性を顕現することです。ですから、「私達の天命が完うされますように」というのは「私達の神性が顕現されますように」ということと同じことなのです。

私達人類の神性が顕現されれば世界人類は平和になります。従って、「世界人類が平和でありますように」という祈りと「私達の天命が完うされますように」という祈りは、同じことを祈っている祈りなのです。このように、世界平和の祈りはどの一行を祈っても世界平和の祈りであるということがいえるのです。だから、「世界人類が平和でありますように」だけをくり返しても世界平和の祈りを祈ったことになります。

世界平和の祈りの働き

世界平和の祈りを祈るたびに、私は祈りの心地よいひびきを感じます。この祈りをくり返し祈り続けてこられたのも、祈りがこのように心地よく、心楽しかったからでもありましょう。

「世界人類が平和でありますように」という祈り言《ごと》の清々しいひびきは、「世界人類よ平和であれ！」という宇宙神のみ心のひびきと相通じる平和のひびきを持っています。すなわち、世界平和の祈りは、平和の波動、調和のバイブレーションを持っているのです。ですから、この祈りを祈ると、人類を救済しようとして働いている神々と共振共鳴して神々の光明が輝きわたります。

この神々の光明は肉眼には見えません。しかし、心地よい祈りのひびきとしてそれを感じ取ることはできます。その祈りの光明エネルギーによって、祈った人のカルマ想念が浄められるのです。しかも、その祈りの光によってさらに人類のカルマ想念までも浄められて消されていきます。こうして、祈れば祈るほど人類のカルマ想念は浄められていくのです。

このように、世界平和の祈りは、世界人類のカルマエネルギーを消し去る働きを致します。諸悪の根源であるカルマエネルギーを消し去る方法、それが世界平和の祈りなのです。

世界平和の祈りはカルマエネルギーを浄化して、傷つき病んでいる人類や生きとし生けるものを癒し蘇らせていきます。そして、さらには、地球の汚染までをも浄化していきます。世界平和の祈りが放つ平和のひびきは大調和のひびきであり、大調和のエネルギーなのです。ですから、世界平和の祈りは不調和なものを浄めて大調和させるという浄化作用を持っているのです。

さらにまた、世界平和の祈りは、人間が神と一つにつながるための方法でもあります。

この祈りを祈ると、人間が放った祈りのひびきは、神々とひびき合って、祈っている人と神は一つにつながっていきます。祈れば祈るほど神の光明が流れ込んできて神とのつながりが強くなっていきます。こうして人間は祈りによって神と交流し神と一体化していくことができるのです。

また、人間は祈ることによって、神々とひびき合って、神々と共に祈りのひびきを世界中にふりまいていくことができます。祈れば祈るほど祈りのひびき、神の光明が世界中の人々へと注がれていきます。

この祈りは、祈りたい時に、その場で、自由に心の中で唱えればいいのです。ふんわりと祈ればいいのです。ふんわりと祈るだけで、神々とひびき合った平和のひびき、光明波動が世界中にふりまかれ、注がれていきます。世界平和の祈りが放つ大調和のひびき、大調和のエネルギー波動によって世界中の不調和なカルマエネルギーが消されていくのです。祈れば祈るほどカルマは浄化されて世界は光明化していきます。

世界平和の祈りは、世界人類に平和と幸せのエネルギーをふりまく大愛の祈りなのです。この大愛の祈りのひびきは人類の一人ひとりに注がれていって、人類が愛と調和の心に目覚めるのをうながしていきます。

世界平和の祈りは、地球をおおうカルマの黒雲を消し去りながら、カルマの増大を防ぎ、大戦争をくいとめ、大災害に到るのを防ぎ、自分と人類を蘇りの方向へ導いていく祈りなのです。

世界平和の祈りのパワー

世の中には、「祈ったくらいで何になる」という人がいます。「祈ってなんかいるよりも、実際に行動を起こすことが大事だ」というのです。しかし、それは真の祈りというものを知らないためにそういっているにすぎません。祈りは単に気休めや自己満足のためにするのではないのです。

世界平和の祈りのような真の祈りは、世の中を平和へと導いていく愛の行為そのものなのです。祈りは世の中を平和にする真の力、エネルギーを持っております。祈りはすなわちパワーなのです。ですから、世界平和の祈りは、世界中に平和と幸せの光明エネルギーを注ぐ、まさに大愛の行為そのものなのです。

このことを私は如実に体験させられたことがありました。

ある時、私は電車に乗って腰かけていました。すると、私の近くに並んで吊り革につかまっていた若者の二人が口げんかを始めるや、激しいつかみ合いとなってしまいました。そのものすごいつかみ合いはとてもおさまりそうな気配がありません。そこで、私は心の中でその若者達に向かってひたすら世界平和の祈りをくり返し祈ったのです。

するとどうでしょう。まだまだとてもおさまりそうもないその激しいつかみ合いが急にへなへなと腰くだけのようになって、二人共つかみ合いをやめてしまったのです。しかも二人からはけんかの余韻のようなものさえすっかりなくなっていました。

これには祈っている私の方がびっくりしてしまいました。正直いって私はそれほどの効果は期待していませんでした。ただひたすら祈りを二人に注いでいただけでした。ですから、よもやこれほどまでの効果があろうとは思ってもいませんでした。けんかをしていた当人達も、それを見ていた周りの乗客も、みんな何かけげんな思いでいたようです。なぜけんかが急にやんでしまったのか全くわからないからです。当人達も、なぜけんかの気持が急に失せてしまったのかその理由が皆目わからなかったはずです。その理由を知っていたのは私だけでした。

乗客の中には、二人はよほど自制心の強い人間ではないかと思った人がいたかも知れません。しかし、自制心でけんかをやめたのだとしたら、決してあのような腰くだけのふんいきにはなりません。二人がけんかをやめたのは、世界平和の祈りが持つ平和・調和のエネルギーが二人のけんかの想念をすっかり浄めて、二人を平和な心にさせてしまったからに他なりません。私は世界平和の祈りが持つ平和のパワーというものをまざまざと見せられた思いが致しました。

その後も、私はこれと似た経験を何度かしております。そのたびに私は、不思議とも思える祈りのパワーというものに深い感銘を受けておりました。

このことからもわかりますように、平和のエネルギー、平和のパワーこそ平和をもたらすものであるのです。神のみ心が持つ平和そのもののパワー、祈りが持つ平和のひびきのパワー、人々が持つ平和の心のパワーが平和を創り上げるのです。世界平和の祈りはまちがいなく平和を創り出すパワー、平和のエネルギーを持っている祈りなのです。

この世界平和の祈りを根底にして、個人の幸せを自由に祈ってあげることができます。

○「世界人類が平和でありますように

○○さんの天命が完うされますように」

○「世界人類が平和でありますように

〇〇さんが幸せでありますように」

〇「世界人類が平和でありますように
あの人のカルマが速《すみ》やかに消え去りますように」

自分が愛する人や、気になる人、あるいは、不幸な目に遭った人などに対して、この祈りを祈って、光の応援をしてあげることができます。

同様に、世界平和の祈りを根底にして、各国の平和と幸せを祈ってあげることができます。

〇「世界人類が平和でありますように
〇〇国が平和でありますように
〇〇国の人々が幸せでありますように」

戦争や民族紛争のニュースを見聞きするたびに、この祈りを祈って光を送ってあげることができます。

「消えてゆく姿」で世界平和の祈り

人生にはさまざまな苦難がつきまとっています。個人や人類がこのさまざまな苦難を乗り越えていくことのできる祈りが世界平和の祈りなのです。

世界平和の祈りの提唱者である五井先生は、人生の苦難を楽に乗り越えていかれるように、「消えてゆく姿」で世界平和の祈りを祈りなさい、とお説き下さいました。

五井先生は「人間と真実の生き方」について、次のように説いておられます。

「人間は本来神の分霊《わけみたま》であって、業生《ごうしょう》ではなく、つねに守護霊、守護神によって守られているものである。

この世のなかのすべての苦悩は、人間の過去世《かこせ》から現在にいたる誤てる想念が、その運命と現れて消えてゆく時に起こる姿である。

いかなる苦悩といえど現れれば必ず消えるものであるから、消え去るのであるという強い信念と、今からよくなるのであるという善念を起こし、どんな困難のなかにあっても、自分を赦《ゆる》し人を赦し、自分を愛し人を愛す、愛と真《まこと》と赦しの言行をなしつづけてゆくとともに、守護霊、守護神への感謝の心をつねに想い、世界平和の祈りを祈りつづけてゆけば、個人も人類も真の救いを体得できるものである。」

想念エネルギーというものは、それがある行為となり、ある結果をもたらすと、そのエネルギーを消耗して消滅してしまいます。ですから、あらゆる苦悩は、誤った想念行為が苦悩という結果となって現れて消えてゆこうとする時に起こる「消えてゆく姿」であるというのです。

そこで、あらゆる苦悩苦難をカルマの消えてゆく姿であると思いなさい、というわけです。そう思いながら、世界平和の祈りを祈り続けていけば、祈りの光明エネルギーでカルマエネルギーはどんどん消されていきます。そして、やがては苦悩というものがすっかり消え去って、真の救い、安心立命が得られるようになるというのです。

このように、すべての苦悩、すべてのことがらを「消えてゆく姿」と見ることによって、悪いものをつかみ、それにとらわれるということがなくなっていきます。「消えてゆく姿」というのは、とらわれをなくすために有効な真理の言葉なのです。心の中で悪いものをつかんでいる間は、悪いものはなかなか消えてはゆきません。それは、悪いものをつかんで自分に引きつけているからです。そこで、悪いものを「消えてゆく姿」にして心の中から放っていけば、悪いものはどんどん消えていってしまうだけのものになります。

これをまとめると、次のようになります。

つまり、「消えてゆく姿」で世界平和の祈りとは、次の三つのことを実践することなのです。

①あらゆる苦悩、悪いものはすべて必ず消え去ってしまうのだという強い信念を持つこと。

②今から必ずよくなるという善念を持つこと。

③世界平和の祈りを祈ること。

この三つを実践することによって、私達はいかなる困難をも楽に乗り越えていくことができるようになります。世界平和の祈りを祈るのは、良くなる種、光の種をまくことなのです。良い種をまけば、それは必ずみのります。こうして、個人も人類もすばらしい未来の運命を創り上げていくことができるのです。

この「消えてゆく姿」で世界平和の祈りは、カルマの連鎖を断ち切るための方法でもあります。カルマをすべて「消えてゆく姿」と見ることによって、「カルマは消える、カルマは消えた」とカルマの連鎖に終止符を打つことができます。また、「今から必ずよくなる」という善念と世界平和の祈りで、良い種をまくので、良いことが現れてくるようになります。こうしてカルマは消えてゆくのみのものとなり、やがて完全に消し去られてしまいます。カルマがすっかり消え去ったあとの地球世界は、光のみの世界となります。それは、良いことのみが現れる大調和の世界です。

なお、「消えてゆく姿」というのは、真理の言葉であると同時に、それはまた、大いなる赦しの言葉でもあります。あらゆる悪い現象をすべて「消えてゆく姿」と見なさいというのですから、そこには少しの責めも裁きもありません。「消えてゆく姿」ということですべては赦され、消されて、人は責め裁きの苦しみから救われるのです。人は赦されることによって救われ、生き生きと蘇っていくことができます。「消えてゆく姿」というのは大いなる愛と赦しの言葉なのです。赦しもまた神のみ心の愛の働きに他なりません。

世界平和の祈りの効用

消えてゆく姿で世界平和の祈りを祈り続けていくことによって、いろいろな苦難をわりと楽な気持で乗り越えていくことができるようになります。苦労がそれほど苦にならなくなってきます。ですから、苦労があっても苦労はないにも等しい状態になってきます。消えてゆく姿で世界平和の祈りは、自分を赦し、人を赦し、カルマを消し去り、苦悩を消し去る祈りなのです。こうして、苦悩のない状態、そして、さらにはすべてが整ったすばらしい状態が現れてくるようになります。

世界平和の祈りは大愛の祈りです。ですから、世界平和の祈りを祈っているうちに、愛深い自分になっていきます。そして、愛することの喜びが実感されるようになります。

世界平和の祈りは大調和の祈りです。完全平和の祈りです。ですから、世界平和の祈りを祈っていくうちに、神の大調和の心、完全平和の心と一つに融け合って、神との一体感を得ることができるようになります。

世界平和の祈りは無限なる至福をもたらす祈りです。ですから、世界平和の祈りを祈っていけば、無限なる至福を実感することができるようになります。

毎日のように祈り続けているうちに、やがて宇宙の中にも祈りのひびき、調和のひびきが鳴りひびいているのを感じることができるようになります。そして、その宇宙の大調和のひびきの中に融け込んでいって、宇宙との一体感を得ることができるようになります。

一回でも世界平和の祈りを祈れば、その祈りのひびきはその人の潜在意識の中に刻印されて、潜在意識は平和のひびきを鳴りひびかせていくようになります。祈れば祈るほど、心の中に祈りのひびきが強く刻印されていきます。そうして、いつも平和のひびきをひびかせている自分になっていきます。また、そのことが自覚されるようにもなります。自分自身が常に平和の心を発信していくようになるのです。

祈りは人と神との共同作業

世界平和の祈りを祈ると、その祈りのひびきに呼応して神々の救世の大光明が輝きわたります。その大光明は祈っている人の中に注がれてきて、祈っている人の肉体を通してさらに世界中にふりまかれていきます。

このように、世界平和の祈りの働きは、祈りを祈る人と救世の神々の働きが一体となっておこなわれるものであるのです。つまり、世界平和の祈りは、祈りを祈る人と神々とが一致協力しておこなう人類救済の活動であるのです。

今、神々は、一人でも多くの人が人類救済のための祈りを祈ってくれることを願っておられます。人類を救うには、祈りを祈る人がどうしても必要だからなのです。なぜなら、神々だけでは人類を救うことはできないからです。それは、神と人間とでは波動が著しく違うために、神は直接には人類にその救済の光を届けることができないからなのです。

そこで、神は人間の肉体を使います。まず神は、祈りによって神と一つにつながった人にみずからの救済の光を送り込みます。そして、その光を祈っている人の肉体を通して世界中にふりまいていくのです。つまり、神は神とつながった人の肉体波動、想念波動に神の光を乗せて世界中に光を送り届けるのです。このように、神は祈りを祈る人の肉体を使うことによって、はじめてみずからの救済の力を存分に発揮することができるのです。だからこそ神は祈りを祈ってくれる人を強く求めておられるのです。祈りを祈る人は神々にとって必要不可欠なパートナーなのです。

今こそ人と神、神と人とが力を一つに合わせて人類救済のために祈りの働きをしていかなければなりません。世界平和の祈りは人と神とが共同で推し進める人類救済の一大事業であるのです。

個人人類同時成道《じょうどう》の祈り

世界平和の祈りは、自分が神性に目覚めるためだけの祈りではありません。自分が神性に目覚めると同時に、人類の神性をも目覚めさせていく祈りなのです。個人人類同時成道の祈り、それが世界平和の祈りなのです。世界平和の祈りのひびきが人類の心の中にしみわたっていって、人類の心をも目覚めさせていくのです。自分を救い人類をも救う、これが世界平和の祈りの道なのであります。

本物の自分とにせ物の自分

世界平和の祈りが放つ調和の光は人類救済の光です。人は誰でも祈っている時はこの救済の光を放っています。だから、人は誰でも祈っている時はすでに神我一体の状態でいるのです。その自覚が持てるか持てないかの違いがあるだけです。

祈っている自分と、まだ業想念をいっぱい持っている自分とは全く別のものなのです。この二つの自分をはっきりと区別することが大事です。

祈っている方の自分は神の心をひびかせている神の子の自分、神そのものでもある自分です。それは本物の自分です。業想念を持っている方の自分はにせ物の自分でしかありません。にせ物の自分は、業想念によって仮につくり上げられた幻のようなものにすぎません。

本物の自分は祈りによって本物の自分、神なる自分を顕していきます。

本物の自分は祈りによって、にせ物の自分をつくり上げている業想念を消し去っていきます。

にせ物の自分は消えてゆく姿の自分です。それは消えてゆくのみのものにしかすぎません。

本物の自分は祈りによってさらに人類の業想念をも消し去っていきます。

人類の業想念もまた消えてゆくのみのものでしかありません。

あらゆる消えてゆく姿が消え去ったあとに残るものは、光り輝いた本物の神なる自分の姿、光り輝いた本物の神なる人類の姿なのです。

地球世界感謝行

自他一体感を深める祈り

地球世界感謝行の感謝の祈りも、世界平和の祈りと同様に、いつでもどこでも自分がおかれた環境の中で自由に祈ればいいのです。

地球世界感謝行は、自分を生かしてくれるさまざまな恩恵に対して心からの感謝を捧げる祈りです。日常の生活の中で、自分の言葉で感謝をすればいいのです。

この感謝の祈りによって、自他一体感を深めていくことができます。そして、地球上に存在する一切のもの、生きとし生けるものとの共生、調和を得ることができます。

ところで、現在のところ、地球の大地や空気や水に対して真に感謝の祈りを捧げている地球人はまだ少ないのではないでしょうか。そこで、まだ祈りを知らない人々に代わって祈る感謝の祈りがあります。

その祈りは、「人類を代表して」という言葉で始まる感謝の祈りです。これは自分の感謝も含めて人類を代表して祈る祈りです。私もこの祈りを祈ってきました。この祈りを祈ると、自分が人類の一員であることの自覚と責任感が持てるようになります。そして、人類との一体感をも深めていくことができるようになります。

例えば、山への感謝は次のように祈ります。

「人類を代表して、山を司《つかさど》る神々様に感謝申し上げます。山さん、ありがとうございます。」

また、このような地球世界感謝の祈りをくり返し唱えることにより、神々の存在や働きを感じることができるようになります。そして、すべてのものに対する感謝と自他一体感を深めていくことができるようになります。

さらに、この感謝の祈りを祈ることによって、人類の心の中にも感謝の気持を目覚めさせていくことができます。感謝の祈りのひびきが人類の心の中にも伝わっていくからです。

では、地球世界感謝の祈りの例をあげておきましょう。

海への感謝

人類を代表して、
海を司る神々様に感謝申し上げます。
海さん、ありがとうございます。

大地《だいち》への感謝

人類を代表して、
大地を司る神々様に感謝申し上げます。
大地さん、ありがとうございます。

山への感謝

人類を代表して、
山を司る神々様に感謝申し上げます。
山さん、ありがとうございます。

食物への感謝

人類を代表して、
食物を司る神々様に感謝申し上げます。
すべての食物さん、ありがとうございます。

肉体への感謝

人類を代表して、
肉体を司る神々様に感謝申し上げます。
肉体さん、ありがとうございます。

水への感謝

人類を代表して、
水を司る神々様に感謝申し上げます。
水さん、ありがとうございます。

植物への感謝

人類を代表して、
植物を司る神々様に感謝申し上げます。
植物さん、ありがとうございます。

動物への感謝

人類を代表して、
動物を司る神々様に感謝申し上げます。
動物さん、ありがとうございます。

鉱物への感謝

人類を代表して、
鉱物を司る神々様に感謝申し上げます。
鉱物さん、ありがとうございます。

天象《てんしょう》への感謝
人類を代表して、
天象を司る神々様に感謝申し上げます。
天象さん、ありがとうございます。

空気への感謝
人類を代表して、
空気を司る神々様に感謝申し上げます。
空気さん、ありがとうございます。

太陽への感謝
人類を代表して、
太陽を司る神々様に感謝申し上げます。
太陽さん、ありがとうございます。

感謝は光、すべてを癒す

感謝は光です。感謝の光は癒しのエネルギーです。感謝の光はいのちを生かす生命エネルギーなのです。

地球世界への感謝行によって、傷つき病んでいる地球上の生きとし生けるものを癒し、蘇らせていくことができます。また、山、河、大地の汚染を浄化し、大自然を蘇らせていくことができます。このようにして、生きとし生けるものとの共生、大自然との調和を取り戻していくことができるのです。感謝の祈りによって感謝の光が地上にふりまかれて、地上を光明化していくのです。

祈りの効果（私自身の祈りの効果）

「世界平和の祈り」と「地球世界感謝の祈り」を祈り続けてきたおかげで、私はいつの間にか大きく変わらせていただくことができました。その私自身が得た祈りの効果について、次に述べていってみたいと思います。

ねたみ心がなくなる

まず、第一段階で、人をうらやましく思う気持、やきもち、しっと心、ねたみ、憎しみなどの想いがだんだん少なくなってきました。

さらに第二段階で、そのような業想念が起こりかかった時、祈りでそれを瞬時に消せるようになってきました。

そして、第三段階で、私の心の中からそれらの想いがすっかり消えてなくなって全く起こらなくなってしまったのです。

だから、人の幸せそうな姿を見ると、そのままストレートに私自身も幸せな気持になってしまいます。人の幸せが嬉しくて、自分の方がもう喜びと至福の気持ちでいっぱいになってしまうのです。

ノイローゼが治る

かつて私は、精神的ストレスからひどいノイローゼになってしまったことがありました。うつ病のようになって寝込んでしまい、一応ベッドから起きられるようになってからも心身共にだるくて、うつうつとした気分が何年となく続いておりました。そのような中で仕事をしながら、何があってもひたすら消えてゆく姿で世界平和の祈りを祈り続けているうちに、薄紙をはぐように、徐々に徐々に重苦しさが取れていきました。すっかりよくなってしまうまでには年月がかかりましたが、気がついてみると、いつもさわやかな気分で、なぜかいつも嬉しいような気持でいられる自分になっておりました。

この体験からわかったことは、祈りは祈り続けることが大事だということです。うまずたゆまずひたすら祈ることです。まさに継続は力なり、なのです。

また、祈りによって、心がとてもおおらかになってきました。ものごとにもあまりとらわれなくなってきました。自分を赦せるようになり、人を赦せるようになってきました。自分を愛する心、人を愛する心がだんだん養われてきました。

怒りを瞬時に消せる

従来私は人を非難する想いが大変に強い人間でありました。特に社会の悪や不正なことがらなどに対しては強い憤《いきどお》りを覚えていたものです。これはどうも持って生まれた性格のようです。だから、私は人間嫌いでもありました。

それが祈りを祈るようになってからというものは、だんだんと怒りが少なくなってきたのです。そして、以前には腹が立っていたようなことにもまるで腹が立たなくなってきました。

しかし、そうはいっても、怒りの念が全くなくなったわけではありません。たまに折にふれては怒りが出てきます。でも、そういう時、怒りが起こってしまう前に、起こりかけた怒りを祈りで瞬時に消せるようになってきました。ですから、怒りの念があっても、それが起こってしまう前に消せるので、怒りはないにも等しい状態になりました。

怒りその他の業想念は、それを出すまいと心の中に押し込めただけでは、想いがたまり、やがて爆発してしまうだけです。業想念は、結局は祈りで消すしかありません。

苦難が苦でなくなる

以前の私は、何か困難に直面すると、そこから逃げ出してしまいたくなるような弱い心を持っておりました。しかし、祈りを祈るようになってからは、いろいろな困難を消えてゆく姿にすることができるようになり、「必ずよくなるのだ」と思いながら、その困難をしっかりと受けとめて乗り越えていくことができるようになりました。こうして、いろいろな困難をわりと楽な気持で乗り越えることができるようになりました。苦難があっても、それをあまり苦とは思わなくなってきました。ものごとについても、あまり深刻に悩むということがなくなってきました。

また、自分の身の廻りに関するショッキングなできごとが起こっても、そのショックから早く立ち直ることができるようになりました。例えば、私の妻が四十六才でガンの末期の手術を受け、あと五年以内の命であると告知された時もそうでした。

余命五年以内という告知を聞いた時の私は、頭をこん棒でガーンとなぐられたような衝撃を受けました。しかし、祈りがあったおかげで速やかに冷静さを取り戻すことができました。私はその現実をしっかりと受けとめてそれを乗り越えていこうと決意致しました。妻も祈りを祈っておりましたので、きっと祈りで乗り越えてくれるに違いないと思い、私は医師から聞いた病状をありのまま手紙に書いて妻に渡しました。さすがに、口で直接伝えることはできませんでした。

私の手紙を読んだ妻は、一晩落ち込んだそうです。しかし、翌朝、「あの世へいってみるのも悪くないな」と思ったら、とたんに気が楽になったそうです。それからは、「生きられるだけ一生懸命生き抜いてみよう」という前向きの気持になって、みるみる明るい元気な姿になってしまいました。その生き生きとした姿は、とても末期のガン患者とは思えない健康そのものの姿でした。そして、「私のようにガンの末期だって、こうして前向きに生きていくことができるのよ」といって、同病の人達を励ましたりしておりました。その元気な姿には廻りの人々も驚いていました。二年後に二度目の手術を受けるまで、ほんとうに妻は明るく生き抜いてくれました。そういう妻の姿を見て、私自身もよけいに明るく生きていくことができたのです。私もどれほど前向きに生きる妻の姿を嬉しく思い、その妻に感謝をしたか知れません。

二度目の手術のあとまもなくして妻は安らかに昇天していきました。短い一生でしたが、みごとに自分のいのちを輝かせていったすばらしい生涯であったと思います。

私はたまに過去をふり返ってみて、祈りがあったからこそここまでこられたのだという感を深くすることがあります。そして、思わず祈りに対する感謝と、祈りを教えて下さった五井先生に対する感謝の念が強く湧き上がるのを覚えます。

感謝の心に目覚める

かつての私は、不平不満が大変に強くて、ものごとに感謝をすることが全くできない人間でありました。ですから、「人は感謝の気持を持つことが大切です」などという話を聞くと、もう強い反発さえ覚えたものです。こんな腹立たしいことばかりが多い世の中にあって、感謝なんかできるわけがないじゃないか、と思っていたからです。だから、感謝をしないことはむしろ当然のことである、と思っておりました。

しかし、世界平和の祈りを祈り始めるようになってからは、自分も感謝ができるような人間になりたいと思うようになりました。そして、少しずつ何とか感謝ができるようになってきました。しかもさらに、地球世界への感謝行をするようになってからは、急速に感謝の心に目覚めていったのです。

例えば、大地への感謝の言葉をくり返しながら道を歩いていくと、大地が私達を支え育《はぐく》んでくれていることがひたひたと伝わってきて、思わず心底から感謝の気持が湧いてきます。こうして私は感謝の気持で大地へと溶け込んでいき、大地との一体感を覚えて喜びと至福に満たされるようになりました。

愛する喜びを知る

私は以前は、他人を愛するなどということはとてもできない人間でありました。人間嫌いであったからです。私は嫌いな人間というものをどうしても愛することができないでおりました。大人に対してもそうでしたし、また、子供というものも、ただもううるさくてわずらわしいだけの存在でありました。

それが祈りを祈るようになってからは、だんだんと人が赦せるようになり、人が愛せるようになってきたのです。わいわいさわいでいる子供達を見るともうかわいくて仕方がなくなってきました。何年も祈り続けているうちに、やがて、人を愛することは深い喜びであり、至福そのものであり、歓喜そのものであることを実感するに到ったのです。その変わりようといったら、自分のことながら驚きというしかありません。

なぜそうなったかというと、祈りを祈り続けているうちに、祈りのひびきの光明エネルギーが自分の中から外に向けて心地よく注がれていくのが実感されるようになったからです。祈りによって、私は人類に向けて、生きとし生けるものに向けて、ありとしあらゆるものに向けて、心地よい愛の大調和エネルギーを注いでいる自分を実感するようになったのです。こうして私は、ひたすら愛を注いでいくことは深い歓びであり、至福そのものであることがわかったのです。

また、無限なる包容力によってすべてを包み込み、いだき取る愛も、この上なく心地よいものであることがわかるようになりました。すべてを包み込み救い上げる愛もまた歓びそのものであり、至福そのものであることを実感するようになったのです。

自他一体感・神我一体感を得る

私は祈りを祈ることによって、自分がひびかせている祈りのひびきと神のひびきとが一つに融け合っているのがわかるようになりました。自分のいのちと神のいのちが一つに融け合い、同じひびきをひびかせているのを実感しているうちに、自分と神とは一つのものであることがわかってきたのです。

さらにまた、自分がひびかせている祈りの大調和のひびきと、宇宙が奏《かな》でている大調和のひびきとが一つに融け合って、宇宙との一体感、宇宙大生命との一体感を実感することができるようになりました。

宇宙大生命との一体感はありとしあらゆるものとの一体感、生きとし生けるものとの一体感、人類との一体感をその中に含んでいます。すべてがひと続きのいのちであり、すべてがひとつながりの大生命体であるのです。そういう感覚やイメージが実感として持てるようになってきました。

神との一体感によって不動心、安心立命が得られるようにもなってきました。このような自他一体感、神我一体感によって安心立命が得られるようになったことも、まことに祈りの最大の効果というべきものであります。

怒りがなくなる

先程私は、怒りが起ころうとする時に、祈りでそれを瞬時に消せるようになったということを述べました。しかしながら、まだまだ怒りが全くなくなるというところまでには到りませんでした。この怒りの念だけは、いつまでも根深く潜在意識の中に残っていたので、私は何とかこの怒りの念も完全になくしたいものだと思っておりました。祈りを祈れば怒りを瞬時に消せるので怒りはないにも等しいのですが、祈りをおこたると、やはり怒りがぞろぞろと出てくるからです。

ある時、ある人に対する怒りの念が起こってきたのをそのままにして見ていたことがありました。すると、それはみるみるうちに強く激しい怒りとなって突き上げてきました。そして、大きな怒りの塊《かたまり》にふくれ上がると、それが私の心の中にどっかと居坐ってしまったのです。私はその大きな岩のようになった怒りの塊をどうしても心の中から取り除くことができなくなってしまいました。

そこで、どうにもならなくなった私はついに次のように致しました。

まず私は、すべてをありのままに受け入れている宇宙の心に自分の心を合わせるようにしました。そして、宇宙と同じように、私が腹を立てている人のことをそっくりそのまま無条件に受け入れてみたのです。

すると、どうでしょう。その瞬間に、私の中からその人に対する強い怒りの念がすっかり消えてなくなってしまったのです。この劇的な変化には、私もほんとうに驚いてしまいました。

しかも、それだけではありません。それ以来、私は何に対しても怒りの念というものが全く起こらなくなってしまったのです。こうして、人の細かな誤ちにいちいちひっかかって腹を立てるというようなこともなくなってしまいました。また、人の愚かな行為にも呵々大笑していられるようになりました。祈りを始めてから二十八年目頃のことでした。

この体験で次のようなことがわかりました。その一つは、祈りをおこたると業の想いはふくらんでしまうということです。自分の業の想いは他の業の想いを引き寄せてふくらんでいくのです。だから、そうならないためにも、祈りは継続しておこなう必要があるということです。

二つ目にわかったことは、包容力のなさが怒り（業想念）を起こさせているということです。すべてを受け入れてあげるという愛の欠如が怒りや憎しみを発生させる根源であったのです。ですから、私が大いなる包容力ですべてを受け入れてあげるという大愛の境地になった時、あらゆるものに対する怒りそのものがすっかり消え失せて、全く起こらなくなってしまったのでした。

しかし、大いなる包容力を持とうと思っても、それは一朝一夕でそう簡単に持てるようになるものではありません。この大いなる包容力をつちかってくれたのも、日頃からの祈りの積み重ねによるものでありました。

また、怒りや憎しみといった業想念も、なくそうと思ってもそう簡単になくせるような生やさしいものではありません。人類が何千年、いや何万年となく怒りや憎しみの想いを持ったまま、なくせないでいるのを見てもそのことがよくわかります。

それを思えば、私がわずか三十年たらずの年数で怒りや憎しみなどの業想念が全く起こらなくなってしまったというのは、祈りがいかにすばらしい効力を持っているかということの証しに他なりません。しかも、あれほどまでに人を愛することができず、感謝ができず、人間嫌いで、怒りと責め裁きの想いが人一倍強かった私でもこうなったからです。祈りがなければ決してこうはなりません。

祈りで世界平和が実現する

ですから、もし人類の大半が、いや、できることなら全人類がこの世界平和の祈りを祈るようになるとすれば、一体どういうことが起こるでしょうか。祈りの効果も絶大になり、人類のカルマ想念はもう速やかに消え去ってしまうに相違ないのです。そうすると、カルマが消え去った地球はたちまち平和な世界になってしまいます。人類が地球に誕生して以来今日に到るまで実現することができなかった世界の完全平和、恒久《こうきゅう》平和を、今私達は世界平和の祈りによってこれを実現することができるのです。これはまことに驚天動地のことといわなければなりません。

誰でもこの祈りを祈れば自然に心が平和になっていきます。この祈りを祈り続けていけば、やがて誰もがいつしか神我一体を得ることができるのです。祈る人が大勢になればなるほど、祈りのパワーも強力になり、祈りの効果も絶大となります。世界人類の光明化、世界の完全平和も速やかに達成されるのです。それもひとえに、人類が祈りを祈るか、祈らないかにかかっております。

人は誰でも祈っている時は、すでに神我一体の状態でいるのです。その自覚が持てるか持てないかの違いがあるだけなのです。

世界平和を祈っている時のあなたは、神と一体となっているあなたです。愛と調和の光を放っているあなたです。光を放っている光のあなた、それが祈っている時のあなたの姿なのです。

世界平和をいつも祈っているあなたは、いつも愛と調和のひびきを放ち続けている神なるあなたなのであります。

もし全人類がいっせいに世界平和の祈りを祈るとしたら、その時全人類はすでに本物の姿、神の姿をそこに現しているのです。世界が平和にならないはずがありません。

それを思うと、一人でも多くの人が世界平和の祈りを祈って下さることを願わずにはいられません。私もまた今後とも、さらなる自己の向上と世界人類の光明化に向けて、祈り続けて参ります。どうかみんなで心を合わせて世界の恒久平和を実現していこうではありませんか。

あとがき

人は誰でも幸福になりたいと願っています。また、いつまでも幸福でいたいとも思っています。幸福は万人共通の願いです。

一体、幸福はどういう時に得られるのでしょうか。まず、自分の願望がかなえられる時、人は喜びと共に幸福を味わうことができます。そこで、人は願望を成就したい、目的を成功させたい、成功して幸福を得たい、と強く願うわけです。

それに応えるように、どうすれば成功するか、どうすれば幸福になれるか、といった成功哲学、幸福論が静かなブームとなって続いています。

しかし、物質文明の崩壊が加速し、いつ何が起きるかわからないという今の世の中にあっては、もはや個人だけの幸福などというものはあり得ないという時代になってしまいました。もし文明が崩壊して人類が滅亡してしまったのでは、個人の幸福も何もあったものではないからです。今やそういう、のるかそるかの時代になっているのです。

従って、私達は、世界が平和であってこそはじめて個人の幸福もあるのだということを今やしっかりと認識しなければならなくなりました。そして、個人の真の幸福のためにも、私達は世界人類の平和と幸福の実現に向けた歩みを進めていかなければならなくなったのです。

じつは、この二十一世紀の近い将来に、地球世界は高次元世界へと次元上昇して、至福千年紀（至福が永遠に続く霊文明の世紀）を迎えるに到ります。二十一世紀こそはまさにその至福の世紀となる節目の世紀《とき》でもあるのです。

そういう時期にあって、次元上昇、進化向上という新しい時代の波についていかれない者は、ふるいにかけられてしまうということになります。そのようなことのないように、誰もが至福の新時代の到来を歓喜の中で迎えることができるようにしたいものです。そのためにも、みんなで新時代にふさわしい生き方をするように心がけて参りたいのです。

参考文献

「神と人間」　五井昌久著　白光出版
「世界人類が平和でありますように」　五井昌久著　白光出版
「老子講義」　五井昌久著　白光出版
「宇宙人と地球の未来」　村田正雄著　白光出版
「我即神也《われそくかみなり》」　西園寺昌美著　白光出版
「かくて地球は蘇る」　西園寺昌美著　白光出版
「ビッグ・クエスチョンズ」　リチャード・モリス著　はまの出版

<著者紹介>

塚田　豪（つかだ たけし）

昭和８年　フイリッピンで生まれる。７歳の時、日本（愛媛県）に帰国。

愛媛大学文理学部哲学科中退。

上京して、一時期芸能界にはいる。

広告代理店勤務、経営等を経て今日に至る。

青少年の頃より哲学、宗教、精神世界の問題に強い関心をいだき、以来研鑽を続ける。

昭和47年より「世界平和の祈り」を祈りはじめ、祈り続けているうちに神我一体感（観）を得るようになる。

本当の幸せをつかもう

2004年５月10日　初版第１刷発行

著　者　塚田　豪
発行者　韮澤　潤一郎
発行所　株式会社　たま出版
〒160-0004　東京都新宿区四谷４－28－20
☎03-5369-3051（代表）
http://www.tamabook.com
振替　00130-5-94804
印刷所　東洋経済印刷株式会社

ISBN4-8127-0099-X C0011